# Jésus était-il fou ?

**Frédéric Joi**

# Jésus était-il fou ?

Max Milo

# INTRODUCTION

> « Ce qui m'intéresse, *moi*, c'est le type psychologique du Rédempteur. Il *pourrait bien*, malgré les Évangiles, être contenu dans les Évangiles, fût-ce totalement mutilé et surchargé de traits étrangers [...] »
>
> Nietzsche[1]

Jésus est un être fascinant.

Il a d'abord fasciné quelques-uns de ses contemporains, dans le cadre restreint d'une contrée juive sous occupation romaine.

Puis il a fasciné des foules entières, de son vivant.

Et il fut condamné à mort.

Mais ses paroles et ses actes furent écrits, plus ou moins fidèlement.

Un événement incroyable s'est alors produit : la fascination exercée par Jésus s'est poursuivie à travers ces écrits.

De nouveau, il a fasciné quelques hommes, puis des foules.

---

1. NIETZSCHE (Friedrich), « L'Antéchrist », in *Œuvres philosophiques complètes*, Paris, Gallimard-NRF, 1990, tome VIII, § 29, p. 188.

Malgré l'éloignement du temps et du lieu où il avait vécu, Jésus continuait de fasciner les multitudes. Il les fascinait même de plus en plus.

Finalement, il a fasciné des milliards d'hommes durant deux millénaires.

Jésus est un être fascinant.

Un athée occidental du XXe siècle ne peut manquer d'être surpris. Comment Jésus a-t-il pu fasciner tant d'individus ? Si son « Père » n'existe pas, ses allégations sont toutes plus absurdes les unes que les autres. Lorsqu'il affirmait être son fils, quand il prétendait offrir l'éternité à ceux qui croyaient en sa divinité, ou pensait sauver le monde en donnant sa vie, etc., toutes ces déclarations deviennent délirantes. Que dire en effet d'affirmations comme « Je suis le pain de la vie qui descend du ciel »[2], « Le Père est en moi et je suis dans le Père »[3], ou encore « Celui qui mange ma chair et qui boit mon sang a la vie éternelle »[4] ?

Or Jésus ne cessait de soutenir qu'il détenait la vérité, au point de s'identifier à elle :

« Je suis le chemin, la vérité, et la vie. »[5]

Dans la mesure où des milliards d'hommes ont tenu ses affirmations pour véridiques, l'athée surpris ne peut manquer de se poser une épineuse question : en quoi seraient-elles vraies ? Ou pour retourner la question : comment se fait-il que tant de gens aient pu croire à ces allégations manifestement fausses ? D'autant plus que ce sont des individus issus de toutes les époques, de tous les lieux, de toutes les origines. D'où cette interrogation

---

2. *Jean* (6 : 41-42). Les citations de la Bible sont extraites de la nouvelle édition de Genève, traduites des textes originaux hébreu et grec par Louis Segond, version revue en 1975.
3. *Jean* (14 : 9-11), voir aussi *Jean* (16 : 15).
4. *Jean* (6 : 54), voir aussi *Matthieu* (26 : 26-28).
5. *Jean* (14 : 6), voir aussi *Jean* (8 : 16), (17 : 19), (18 : 37).

supplémentaire : en quoi les déclarations de Jésus seraient-elles universelles, pour pouvoir fasciner n'importe quels hommes sur terre ? Que dit-il de si captivant, qu'il en fasse oublier la réalité ?

Un chrétien pourrait aisément rendre compte de cette fascination : elle émanerait de Dieu. La source de la fascination exercée par Jésus aurait été comme l'aura de Dieu. Toutefois, pour l'athée, cette explication ne tient pas.

L'athée contemporain, qui essaye de percer la double énigme de la personnalité et du succès de Jésus, rencontre un autre genre de difficultés, plus insidieuses. Ce sont des difficultés internes.

En dépit de son athéisme, l'athée occidental reste profondément imprégné de Jésus. Il n'a plus conscience de tout ce qu'il a de chrétien. Ses valeurs sont chrétiennes, comme la paix. Ses lois sont chrétiennes, comme la monogamie. Sa constitution est chrétienne, comme la fraternité. Son langage est chrétien, comme la notion d'altruisme. Sa morale est chrétienne, comme l'exigence de modestie ou le rejet de la vanité. Ses repères temporels sont chrétiens, comme le calendrier. Sa politesse est chrétienne, comme le pardon. Ses jugements normatifs sont chrétiens, comme la condamnation du suicide. Ses sentiments sont chrétiens, comme la pitié. Son idéal est chrétien, comme la charité.

Son regard en est faussé ; surtout pour observer Jésus lui-même. L'athée, comme le croyant, regarde Jésus avec ses propres valeurs. Il juge Jésus avec ses propres conclusions. Il apprécie Jésus avec ses propres sentiments, en particulier l'amour. Il ne peut plus voir en Jésus qu'un modèle des valeurs chrétiennes.

C'est là que réside le principal problème de l'Occidental athée, qui considère à son insu la réalité avec les « lunettes de Jésus », avec le point de vue de Jésus.

Le lecteur du Nouveau Testament, même athée, ne peut s'empêcher de voir en Jésus un prophète ou un messie, un fondateur de religion. Il n'est nullement choqué des paroles ou des actes de Jésus, pourtant anormaux. Par exemple, lorsque Jésus prétend avoir affaire à des « ennemis », comme les hauts dignitaires religieux, les Romains ou Judas, le lecteur prend toujours fait et cause pour Jésus. Ce sont toujours eux les « méchants », jamais Jésus. En définitive, même sans croire en sa divinité, l'Histoire lui a donné raison.

Nous regardons le monde avec ses valeurs. *A fortiori*, nous le voyons lui-même comme le bien personnifié. Nous avons du mal à ne pas lui attribuer toutes les valeurs qu'il prône, et qui passent depuis pour des « qualités ».

Ses valeurs sont devenues les nôtres, « donc » il avait raison, « donc » il défendait la vérité. Au pire, l'athée voit en lui un sage. Dans ce cas, les déclarations de Jésus ne sont plus prises au pied de la lettre, mais « surinterprétées », comme de simples métaphores. En particulier, chaque fois que Jésus parlait de Dieu, ce dernier aurait désigné un être purement interne au sujet.

Ce n'est pas un mince problème que doit affronter l'athée moderne, pour voir Jésus tel qu'il était. Il doit retirer les « lunettes chrétiennes ».

En ce sens, un philosophe allemand de la fin du XIX<sup>e</sup> siècle apporte une aide considérable. Friedrich Nietzsche sait remonter aux présupposés du christianisme, pour en dénicher les conséquences, dans nos comportements et dans nos idées. Grâce à sa critique radicale du christianisme, il rend possible un extraordinaire recul sur tous ces réflexes que nous avons, chaque jour, à notre insu. Il permet de prendre conscience des lunettes déformantes que nous portons.

Comment Nietzsche peut-il réaliser cette mise à distance ? Il fait preuve d'un flair psychologique sans pareil, pour débusquer la maladie mentale sous les valeurs du christianisme. Par exemple, il devine, derrière le dénigrement chrétien de la sexualité, une triste négation des instincts vitaux, confinant à la « mélancolie », ancien nom de la dépression. En pointant du doigt l'insidieuse maladie, Nietzsche nous amène à nous déprendre de l'idéalisation à peine consciente du premier des chrétiens.

Néanmoins, aussi énergiques que soient ses attaques, Nietzsche s'est arrêté devant la source du christianisme. Il n'a guère écrit plus de quelques pages sur la psychologie de Jésus[6]. Son apport principal, pour notre sujet, réside dans la mise à distance critique du christianisme, qui nous colle tant à la peau. Il ouvre la voie. Mais pour faire un pas de plus dans la compréhension psychologique de la religion chrétienne, les puissantes avancées du XXe siècle s'avèrent nécessaires.

Freud reprend le ton critique de Nietzsche, et s'appuie également sur la psychologie. Il consacre toutefois sa vie entière à développer la psychologie elle-même. Il met en place des outils d'analyse très performants, permettant d'aller plus loin que l'intuition de Nietzsche. Ces nouveaux moyens donnent un accès privilégié à ce qui se trame derrière les actes visibles ou les pensées apparentes de la conscience. La psychologie freudienne est comme une radiographie de la conscience.

Freud fait aussi avancer la compréhension psychologique de la religion chrétienne en général, en découvrant que les croyants sont des névrosés obsessionnels. C'est une avancée décisive, permettant d'inaugurer une critique acerbe.

Mais Freud, comme Nietzsche, n'a pas remonté le fleuve chrétien jusqu'à sa source ultime. Il n'a consacré que quelques paragraphes incidents à Jésus[7].

---

6. Voir en particulier NIETZSCHE (Friedrich), « L'Antéchrist », in *Œuvres philosophiques complètes*, *op. cit.*, tome VIII, §§ 29-35, pp. 188-195.
7. Voir en particulier FREUD (Sigmund), *Totem et tabou*, chapitre IV, « Le retour infantile du totémisme », in *Œuvres complètes. Psychanalyse*, Paris, PUF, 1998, partie VI, tome XI, p. 374.

Au moins a-t-il présenté un aperçu. Il a montré que l'analyse psychologique permettait de découvrir les pensées inconscientes à l'œuvre dans le christianisme, en particulier chez son initiateur. Les indices de Freud sont précieux, et trop rares. Son travail doit être poursuivi.

La psychologie freudienne ouvre la possibilité d'ôter les lunettes chrétiennes. Elle ne juge pas ce qui est bien ou mal, mais ce qui est normal ou pathologique. Elle permet de distinguer un délire d'un jugement sain et sensé. Elle permet de distinguer le vrai du faux, ce qui est particulièrement utile avec un personnage aussi obsédé par la vérité que Jésus.

La méthode de la psychologie est simple. Elle s'attache à comprendre les faits, paroles et actes du sujet. Elle commence par y repérer ses symptômes pathologiques. Puis de là, elle remonte à leur cause, comme pour une enquête policière. C'est alors qu'elle met à jour ses mécanismes secrets, qui opèrent dans l'inconscient. Nietzsche et Freud ont rendu cette enquête possible, sans la réaliser eux-mêmes.

Essayons maintenant de regarder Jésus sans lunettes chrétiennes. Essayons de regarder la réalité médicale, « pour voir ».

# Chapitre I
## Les traits schizophréniques de Jésus

Nous cherchons à expliquer le succès de Jésus, c'est-à-dire le rapport entre un homme et une multitude. Et puisque la foule des croyants se réfère aux Évangiles, nous devrons faire de même. Par hypothèse, nous les tiendrons pour « vrais », dans le sens qu'ils doivent contenir, d'une manière ou d'une autre, une vérité, inaperçue, inconsciente. Cette vérité est la clef à découvrir pour comprendre la gloire d'un homme.

D'après ces textes, Jésus semblait souvent manifester une certaine tendance à l'isolement. Bien des passages le décrivent même en train de fuir les foules. Cette conduite contraste avec le fait qu'il était par ailleurs capable de les captiver.

« Vers le matin, pendant qu'il faisait encore très sombre, il se leva, et sortit pour aller dans un lieu désert, où il pria. »[8]

Parfois, Jésus avait un comportement plus radical, qui rend sa gloire plus inexplicable encore :

---

8. *Marc* (1 : 35), voir aussi *Matthieu* (14 : 13), *Marc* (1 : 45), *Luc* (4 : 42), (5 : 16).

« Quand il l'eut renvoyée [la foule], il s'en alla sur la montagne, pour prier. Le soir étant venu, la barque [où sont ses disciples] était au milieu de la mer, et Jésus était seul à terre. »[9]

Il évitait la foule y compris quand, comble du succès, elle venait lui octroyer le pouvoir, comme roi des Juifs :

« Et Jésus, sachant qu'ils allaient venir l'enlever pour le faire roi, se retira de nouveau sur la montagne, lui seul. »[10]

Les Évangiles ressentent la nécessité d'expliquer cette attitude de réclusion par le recours à Dieu. Ce souci d'explication souligne déjà en soi une originalité du mode de vie de Jésus.

« Aussitôt, l'Esprit poussa Jésus dans le désert, où il passa quarante jours, tenté par Satan. »[11]

Des contemporains plus réalistes remarqueraient sans doute que Jésus n'avait commencé son ministère public que vers trente ans. Auparavant, il avait peut-être vécu une période ascétique chez les esséniens, sorte de moines de l'époque. Dans ce cas, le goût de la solitude de Jésus ne serait qu'un acquis culturel. Néanmoins cette explication pragmatique ne peut au mieux que justifier le renforcement d'une tendance à l'isolement, qui était apparue dès l'enfance de Jésus. Au regard du peu d'informations disponibles sur sa jeunesse, l'indice suivant recèle d'autant plus de valeur :

« Lorsqu'il fut âgé de douze ans, [Jésus et sa famille] montèrent [à Jérusalem], selon la coutume de la fête. Puis, quand les jours furent écoulés, et qu'ils s'en retournèrent, l'enfant Jésus resta à Jérusalem. Son père et sa mère ne s'en aperçurent pas. »[12]

Parfois, il entraînait quelques amis dans sa solitude :

---

9. *Marc* (6 : 46-47), voir aussi *Matthieu* (14 : 23).
10. *Jean* (6 : 15).
11. *Marc* (1 : 12), voir aussi *Matthieu* (4 : 1) et *Luc* (4 : 1-2).
12. *Luc* (2 : 42-43).

« [...] Jésus prit avec lui Pierre, Jacques, et Jean, son frère, et il les conduisit à l'écart sur une haute montagne. »[13]

L'explication qu'aurait apportée Jésus à ce curieux trait de personnalité aurait sans doute été contenue dans sa célèbre phrase :

« Mon royaume n'est pas de ce monde [...] »[14]

Dans son esprit, ceci sous-entendait que son royaume résidait dans le ciel. Toutefois, sans Dieu, ni paradis, quel peut bien être ce royaume ? Où comptait-il s'isoler ?

La condition pour pouvoir se passer à ce point des autres, est de se suffire à soi-même. Précisément, Jésus paraissait développer ce qui peut s'appeler un « ego surgonflé ». Il semblait, à lire entre les lignes des Textes, s'intéresser vivement à sa propre personne. Il parlait abondamment de lui-même, de ce qui allait lui arriver, de ce qu'il pensait être, etc. Il manifestait une immense confiance en ses propres affirmations, qu'il présentait toujours comme des vérités (« je vous le dis en vérité »).

Cet ego apparaissait notamment dans sa façon de tout ramener à lui-même.

« Celui qui vous écoute m'écoute, et celui qui vous rejette me rejette ; et celui qui me rejette rejette celui qui m'a envoyé. »[15]

Si Jésus est le fils de Dieu, cette phrase n'a rien de surprenant. Si ce n'est pas le cas, alors il pensait être partout, et que tout le concernait.

Il est frappant de voir, à travers une prédiction révélatrice, à quel point Jésus se croyait au centre des intérêts de tous :

---

13. *Matthieu* (17 : 1), voir aussi *Marc* (9 : 2).
14. *Jean* (18 : 36).
15. *Luc* (10 : 16).

« Lorsque le Fils de l'homme viendra dans sa gloire, avec tous les anges, il s'assiéra sur le trône de sa gloire. Toutes les nations seront assemblées devant lui. »[16]

Ce n'est qu'une occurrence parmi d'autres. Jésus donnait en permanence l'impression que tout devait tourner autour de lui – ce qui serait d'ailleurs parfaitement normal s'il était le fils de Dieu.

En plus de cet intérêt pour lui-même et de sa tendance à l'isolement, un autre trait de personnalité semble épaissir le mystère de Jésus, le prédestinant apparemment encore moins à convaincre les foules. Son langage était obscur, ce qui aurait dû entraîner un évident problème de communication.

C'est bien connu, Jésus utilisait des paraboles. Une parabole est un récit allégorique des livres saints sous lequel se cache un enseignement moral ou religieux[17]. Familièrement, « parler par paraboles » revient à parler d'une façon détournée, énigmatique. Une allégorie, quant à elle, est une narration qui met en œuvre des éléments concrets avec cohérence. Chaque élément de l'allégorie est utilisé comme un symbole. Celui-ci désigne l'entité concrète (un signe, un personnage, un objet), qui représente une valeur abstraite, par convention tacite. Mais Jésus inventait ses images, inhabituelles et frappantes, qu'aucune convention tacite ne permettait de décrypter simplement.

Jésus n'a certes pas créé le principe des paraboles. Salomon, notamment, en avait déjà produit de nombreuses. Toutefois, la personnalité de Jésus était fortement marquée par cette grande inventivité dans l'art d'exprimer indirectement, par une métaphore parfois complexe, une injonction religieuse. Passer en revue toutes ses inventions métaphoriques serait fastidieux. Mais un ou

---

16. *Matthieu* (25 : 31-32).
17. *Voir* Le Grand Robert.

deux cas de figure, quelque peu alambiqués, suffisent à mettre en relief cette particularité.

« Le sel est une bonne chose ; mais si le sel perd sa saveur, avec quoi l'assaisonnera-t-on ? Il n'est bon ni pour la terre, ni pour le fumier ; on le jette dehors. Que celui qui a des oreilles pour entendre entende. »[18]

« Personne, après avoir allumé une lampe, ne la couvre d'un vase, ou ne la met sous un lit ; mais il la met sur un chandelier, afin que ceux qui entrent voient la lumière. Car il n'est rien de caché qui ne doive être découvert, rien de secret qui ne doive être connu et mis au jour. Prenez donc garde à la manière dont vous écoutez ; car on donnera à celui qui a, mais à celui qui n'a pas on ôtera même ce qu'il croit avoir. »[19]

Pourquoi Jésus s'entichait-il à ce point de paraboles ? Comment découvrir, pour chacune d'entre elles, son sens univoque ? L'histoire des controverses sur ces questions semble indiquer que la tâche est impossible. De son vivant, déjà, Jésus suscitait des quiproquos et des incompréhensions :

« Les Juifs dirent : Il a fallu quarante-six ans pour bâtir ce temple, et toi, en trois jours tu le relèveras ! Mais il parlait du temple de son corps. »[20]

« [Jésus] parla [à la foule] en paraboles sur beaucoup de choses [...] Les disciples s'approchèrent, et lui dirent : Pourquoi leur parles-tu en paraboles ? »[21]

L'obscurité de ces métaphores est manifeste, puisque Jésus lui-même devait en expliciter le sens :

« C'est par beaucoup de paraboles de ce genre qu'il leur annonçait la parole, selon qu'ils étaient capables de l'entendre. Il ne leur

---

18. *Luc* (14 : 34-35).
19. *Luc* (8 : 16-18).
20. *Jean* (2 : 21).
21. *Matthieu* (13 : 3, 10).

parlait point sans parabole ; mais, en particulier, il expliquait tout à ses disciples. »[22]

Les paroles de Jésus, en plus d'être énigmatiques, étaient censées produire un effet sur la réalité matérielle. C'est une tendance manifeste aux croyances dans le surnaturel qui transparaît ici, en attribuant à la parole un pouvoir qu'elle ne possède pas.

« [Sur une barque secouée par les flots et le vent :] S'étant réveillé, il menaça le vent, et dit à la mer : Silence ! tais-toi ! »[23]

Un célèbre passage confirme ce même trait, de façon spectaculaire et censément métaphorique :

« Je vous le dis en vérité, si quelqu'un dit à cette montagne : Ôte-toi de là et jette-toi dans la mer, et s'il ne doute point en son cœur, mais croit que ce qu'il dit arrive, il le verra s'accomplir. C'est pourquoi je vous dis : Tout ce que vous demanderez en priant, croyez que vous l'avez reçu, et vous le verrez s'accomplir. »[24] Quand bien même le croyant moderne, un peu honteux d'une telle superstition, voudrait ne voir que des images, parmi les matériaux de ces paraboles, l'inconscient y reconnaît les siens ! Les rêves attestent ces fantasmes de surpuissance sur le monde matériel.

Jésus n'a pas inventé une grande partie des croyances surnaturelles qu'il véhiculait. Mais il agrémentait à l'occasion ses discours de superstitions de son cru :

« Mais, quand on vous livrera, ne vous inquiétez ni de la manière dont vous parlerez ni de ce que vous direz : ce que vous aurez à dire vous sera donné à l'heure même ; car ce n'est pas vous qui parlerez, c'est l'Esprit de votre Père qui parlera en vous. »[25]

---

22. *Marc* (4 : 33-34).
23. *Marc* (4 : 39).
24. *Marc* (11 : 22-24), voir aussi *Matthieu* (21 : 21-22).
25. *Matthieu* (10 : 19-20).

Enfin, d'autres traits étranges définissaient la personnalité de Jésus, précisément au sujet de son identité…

Qui était Jésus ? Voilà une question particulièrement difficile, qui ne peut trouver de réponse qu'au prix d'une longue enquête. Or, fait très intéressant, la réponse que Jésus donnait lui-même à cette question était tout sauf univoque.

Pour commencer, il parlait souvent de lui-même à la troisième personne, ce qui constitue déjà en soi un indice capital.

« [Parlant de lui-même] Ils le condamneront à mort [...] et le troisième jour il ressuscitera. »[26]

Pour brouiller encore les pistes, cette troisième personne ne désignait pas toujours le même personnage. Tantôt, il se laissait appeler « roi ». Sans doute était-ce métaphorique, dans la mesure où un personnage célèbre existait déjà, Hérode, qui détenait la fonction de roi des Juifs.

« Pilate l'interrogea : Es-tu le roi des Juifs ? Jésus répondit : Tu le dis. »[27]

Tantôt, il se disait « Fils de l'homme », expression curieuse qu'il n'a pas inventée, et qui pose problème :

« Car le Fils de l'homme doit venir dans la gloire de son Père, avec ses anges [...] »[28]

Tantôt encore, il revendiquait une identité entre lui et le Père[29]… Dans ce cas ses dialogues avec lui-même, durant ses fréquentes prières, devaient prendre une dimension pour le moins inhabituelle. À moins d'accepter l'idée qu'il était réellement le fils de Dieu, comment expliquer ce genre d'affirmations déroutantes ?

---

26. *Matthieu* (20 : 19).
27. *Marc* (15 : 2), voir aussi *Jean* (18 : 37) et *Matthieu* (27 : 11).
28. *Matthieu* (16 : 27).
29. *Jean* (14 : 9-11), voir aussi *Jean* (16 : 15).

Avec qui parlait-il en son for intérieur ? Combien y avait-il d'interlocuteurs dans son esprit ? Le savait-il lui-même ? Les chrétiens évoqueront alors la fameuse « Trinité », et admettront eux-mêmes à quel point elle était nimbée de mystère. Que signifie « être trois en un », ou « un en trois » ? Qu'est-ce qu'un Père, un Fils et, plus encore, un étonnant « Saint-Esprit » ?

Finalement, il ne faudra pas s'étonner que ses proches, en particulier ceux qui l'avaient vu grandir, l'aient traité de fou :

« [Au vu du "succès" de leur fils] Les parents de Jésus, ayant appris ce qui se passait, vinrent pour se saisir de lui ; car ils disaient : Il est hors de sens. [C'est-à-dire : il est fou à lier] »[30]

C'est notamment ce mauvais accueil réservé par sa propre famille qui lui a fait prononcer la fameuse sentence :

« [...] je vous le dis en vérité, aucun prophète n'est bien reçu dans sa patrie. »[31]

Et la foule elle-même était divisée. Si une partie était convaincue par ses affirmations, l'autre demeurait bien moins disposée :

« Pourquoi cherchez-vous à me faire mourir ? La foule répondit : Tu as un démon. [Traduction : tu es fou] »[32]

Jésus apparaît de plus en plus difficile à cerner. Le message équivoque qu'il délivrait sur sa propre identité ne devrait *a priori* pas simplifier l'explication de son succès. Dès le premier abord, le personnage de Jésus déconcerte par plusieurs symptômes qui, pour être visibles, n'en semblent pas moins hétéroclites.

Ces traits épars, développés seuls, ne seraient pas nécessairement pathologiques. Mais réunis chez un même sujet, ils sont la marque d'une certaine maladie mentale. Un double mouvement caractéristique semblait animer Jésus : d'un côté une tendance

---

30. *Marc* (3 : 21).
31. *Luc* (4 : 24).
32. *Jean* (7 : 19-20).

au repli sur soi, et de l'autre, un irrépressible besoin d'inventer un univers imaginaire, hermétique, abstrait et difficilement communicable. Ce phénomène est propre à la schizophrénie. Le schizophrène se retire du monde et s'en construit un autre à la place, dans sa tête.

Ce repli sur soi est un signe de l'« autisme », du grec « auto », qui signifie « soi-même » (opposé à un autre). Chez les enfants, dont les symptômes ne sont encore ni organisés ni intellectualisés, l'autisme demeure souvent la principale manifestation pathologique. Il consiste en un isolement, une coupure des relations avec l'entourage, un renfermement sur soi.

Chez le schizophrène adulte s'ajoute une « dissociation psychique », où les différents compartiments de la vie de l'individu se disjoignent maladivement. Sa gestuelle n'est plus en phase avec ses pensées, qui ne le sont elles-mêmes plus avec ses émotions. Ces trois compartiments, qui normalement se déploient en même temps, deviennent en quelque sorte indépendants, disjoints, « dissociés » selon le terme consacré. Une gestuelle de prostration peut accompagner des idées de grandeurs, et l'ensemble être complété par une grande froideur affective. Cette dissociation peut aller jusqu'à une dislocation de la personnalité, avec plusieurs identités pour le même individu, qui interviennent à tour de rôle ou simultanément.

Enfin, la schizophrénie se caractérise par des bouffées délirantes et inorganisées. Le schizophrène émet des idées fausses et déconnectées de la réalité. Il profère des paroles insensées, mais n'agit pas en conséquence. Il n'essaye pas non plus de les développer logiquement, avec des arguments fondés sur la réalité. Le schizophrène à l'état de veille se comporte comme en rêve, sans logique.

La schizophrénie constitue une grave maladie psychique, et la recherche médicale peine à comprendre son fonctionnement, sans parler des difficultés à la soigner. Pour rendre compte de son mécanisme psychologique, une explication domine aujourd'hui. Elle est due à Freud, qui la développe à partir d'une première esquisse de son disciple Abraham[33].

En voici la base : « Le processus de refoulement proprement dit consiste en un détachement de la libido d'avec des personnes – et des choses – auparavant aimées. »[34] Les pulsions sexuelles (la libido), après s'être attachées à d'autres individus, reviennent sur le sujet lui-même, dans un mouvement de reflux. Le malade se désintéresse de la réalité extérieure et porte la majeure partie de son intérêt sur lui-même. Il détourne ses pulsions à son propre profit. C'est un sens du mot « refoulement » qui est différent de la signification courante (d'habitude, il concerne les névroses et signifie « repousser une représentation dans l'inconscient »). Nous parlerons de « reflux ».

Plus généralement, la schizophrénie appartient au groupe des psychoses, qui comprend aussi la paranoïa. À ce titre, elle s'oppose aux névroses. Freud a caractérisé ces deux familles de façon claire. Un minimum de vocabulaire technique apparaît nécessaire pour comprendre cette caractérisation.

---

33. ABRAHAM (Karl), *Les Différences psychosexuelles entre l'hystérie et la démence précoce*, 1908, voir la note 2 p. 292 des « Remarques psychanalytiques sur un cas de paranoïa », *in* FREUD (Sigmund), *Œuvres complètes. Psychanalyse*, Paris, PUF, 1993, tome X, ainsi que LAGACHE (Daniel), (sous la direction de), LAPLANCHE (Jean) et PONTALIS (Jean-Bertrand), *Vocabulaire de la psychanalyse*, Paris, PUF, coll. « Bibliothèque de psychanalyse », 1990, p. 262.

34. FREUD (Sigmund), « Remarques psychanalytiques sur un cas de paranoïa (*Dementia paranoides*) décrit sous forme autobiographique », (« Le cas Schreber », écrit en 1910, publié en 1911), in *Œuvres complètes. Psychanalyse*, Paris, PUF, 1993, tome X, p. 294.

Dans la psychose, le « moi », au service du « ça », se retire d'une partie de la réalité, la rejette et reconstruit un autre univers, imaginaire, par le délire et l'hallucination[35].

Le moi désigne le sujet. Le ça désigne l'inconscient du sujet, contenant en particulier ses pulsions et son passé réprimé. Freud distingue deux grands types de pulsions : la pulsion de vie (la faim, la sexualité, l'instinct de survie, l'amour, etc.) et la pulsion de mort (les envies destructrices ou meurtrières, la haine, etc.). La « réalité » désigne la société, autrui, ainsi que les lois qui régissent la société.

Autrement dit, le sujet rejette la société, sans reconnaître ses règles. Il refuse autrui, au profit de ses propres pulsions inconscientes, comme un tueur en série qui ignore les lois, afin de satisfaire directement ses désirs de meurtre.

Ensuite, après avoir retiré son intérêt du monde, le psychotique le reconstruit en lui-même. Pour décrire ce phénomène, Freud cite des vers de Goethe :

« Malheur ! Malheur !

Tu l'as détruit,

Ce monde si beau,

D'un poing puissant !

Il s'effondre, il s'écroule !

Un demi-dieu l'a fracassé ! [...]

Puissant

Parmi les fils de la terre,

Plus splendide

Reconstruis-le,

Dans ton sein réédifie-le ! »[36]

---

35. FREUD (Sigmund), « La perte de la réalité dans la névrose et la psychose », 1924, in *Œuvres complètes. Psychanalyse*, Paris, PUF, 1994, tome XVII, p. 37.
36. *Faust*, partie I, vers 1607-1612 et 1617-1621, cités *in* FREUD (Sigmund), *Œuvres complètes. Psychanalyse, op. cit.*, tome X, p. 293.

Cette reconstruction est interne, elle s'effectue en imagination, par « délire » et « hallucination ». Le psychotique fabule, invente et reconstruit la réalité dans son imagination, comme un rêve.

Or les songes sont constitués à partir de l'inconscient du sujet, son ça. Il en va de même pour cet univers réinventé par le psychotique. Le schizophrène rêve éveillé. Il agit comme une personne qui regarde le jour tomber à travers la fenêtre. Après le coucher du soleil, il ne voit plus que sa propre image, reflétée par la vitre, de l'intérieur de la maison. Au lieu de la réalité, il n'aperçoit que le reflet de son intériorité. Le schizophrène ne nourrit plus d'intérêt pour le monde extérieur.

Ainsi, dans leur principe, les images délirantes qui apparaissent dans l'univers réinventé du psychotique sont construites à partir de son propre inconscient. Tel est le matériel imagé, métaphorique et fabulateur qui alimente les paraboles.

Analysons à présent les symptômes de Jésus, relevés dans le Nouveau Testament, avec l'aide de la psychologie freudienne.

Le premier symptôme rencontré chez Jésus, l'isolement social, était concomitant de son rejet de la foule, les deux étant liés à cette curieuse affirmation selon laquelle son royaume était ailleurs. Jésus a sans doute retiré du monde une partie de ses pulsions, pour les ramener sur lui. Cet effet de balancier engendre un gonflement de son ego, ainsi que la construction d'un univers interne, un « royaume », à partir de son inconscient. Dans ces conditions, il n'est plus étonnant que Jésus ait pu se croire au centre des intérêts de tous. Il se plaçait au centre de ses intérêts à lui, lui dont l'ego constituait un univers entier. Il ne pouvait que rapporter tout événement extérieur à lui-même.

Vient ensuite la délicate question du symbolisme à l'œuvre dans ses paraboles. Qu'un mot désigne un autre objet que celui auquel il renvoie d'habitude peut se comprendre. Toutefois, Jésus

ne précisait pas les nouveaux objets auxquels il ne faisait qu'allusion, au « second degré ». Ce second sens, auquel Jésus pensait
sans doute, est loin d'engendrer un consensus. Comment est-ce
possible ? Et comment accéder au sens que Jésus prêtait à coup
sûr à ces paraboles ?

Le problème est double. D'abord, Jésus inventait de nouveaux
symboles. Au moment de cette invention, aucune convention
n'existait encore pour les décrypter. Ensuite, différents hommes,
vivant à des époques diverses, ont entraîné ces symboles dans
un tourbillon d'interprétations divergentes, en fonction des
différentes conventions sociales de l'histoire chrétienne. Une
foule de spéculations restaient possibles. Des divergences sans fin
se sont succédé dans l'Histoire, et notamment avec les schismes
religieux, les hérésies, les nombreux courants chrétiens, les différentes églises, etc.

À travers les époques pourtant, et même sans comprendre
ce second sens, auquel Jésus songeait sans doute, les auditeurs
restaient fascinés. Comme si ses déclarations allusives avaient
contenu une signification invariable, quoique sous-jacente. Que
reste-t-il de fondamentalement inchangé dans les paraboles de
Jésus, par-delà toutes les interprétations successives qui en ont
été faites ?

Une hypothèse pourrait entrouvrir une explication dès à
présent, au moins dans son principe, quitte à ne l'étayer qu'ensuite
par des exemples dûment analysés. Un troisième sens existerait,
ou plutôt un sens de degré zéro. C'est le sens de l'inconscient. Un
mot ou une expression, employés par Jésus, faisaient vraisemblablement allusion à son propre inconscient. Cette signification, que
lui-même ignorait, ne concernait que son intériorité mentale. Jésus
se contentait de l'énoncer, par « inspiration ». Il jugeait important
de l'énoncer, sans tenir compte ni des conventions sociales ni de

sa compréhension par autrui. Parfois, c'était compréhensible, parfois, non. Mais toujours, c'était une référence à son propre inconscient, sans que lui-même ou son auditeur ne le sache. Jésus se laissait avant tout guider par son intuition délirante.

C'est pourquoi, dans cet ouvrage, les paraboles seront prises non pas tant au premier degré, qu'au degré zéro, laissant en tout cas délibérément de côté le toujours discutable « second degré ». Des explications au cas par cas ne pourront être tentées que plus loin, de nombreux autres mécanismes restant nécessaires pour accéder à ce sens inconscient. Pour le moment, restons-en à l'hypothèse selon laquelle le sens des paraboles faisait involontairement allusion à l'inconscient de Jésus.

Son langage étrange résultait également d'un rejet des conventions habituelles de communication, de la réalité sociale de son temps.

Le problème reste entier de savoir pourquoi l'inconscient de Jésus a pu intéresser d'autres que lui-même. Qu'avait-il de si particulier, le fonctionnement inconscient de cet homme ?

Sa croyance dans les phénomènes surnaturels reste à expliquer, qu'elle soit ou non partagée par ses contemporains. Du point de vue de la psychologie, il est banal de voir un psychotique accorder crédit à des lois irréelles. Celui-ci s'est retiré non seulement de la réalité, mais encore des lois naturelles qui la régissent, au bénéfice de son intériorité, qui est gouvernée par d'autres lois. Ces dernières peuvent être dites surnaturelles si leur origine est attribuée au ciel, ce monde au-dessus de la nature. La psychologie enjoint cependant à les attribuer à l'inconscient. En rêve, bien des actes deviennent possibles, qui ne le sont pas dans la réalité : voler dans les airs, respirer sous l'eau, ou déplacer des objets à distance. C'est un vieux fantasme de l'humanité, un mode de pensée archaïque, qui consiste à rêver éveillé.

Le rêve ignore également le principe d'identité. Un même personnage peut en représenter d'autres, ou encore se métamorphoser en d'autres personnes. Chacun a expérimenté que le rêveur peut se voir lui-même de l'extérieur, comme un autre sujet, comme un « il ». Jésus agissait ainsi, à l'état de veille. La Trinité apparaît comme une représentation directe de ces curieux dédoublements oniriques, qui semblent pouvoir aller jusqu'au triplement chez un cas exceptionnel. Mais que dire d'une personne qui pousserait cette logique malsaine jusqu'à continuer de croire en ces errements nocturnes au grand jour de la conscience, et vouloir en convaincre ses auditeurs ?

Dans les cas graves, un schizophrène a pu être autiste dès son enfance, auquel cas il a retiré son affection à ses proches très tôt. Il n'a pas pu construire correctement son identité, qui se façonne en temps normal par l'identification naturelle des enfants avec leur entourage, en particulier leurs parents. Ce déficit d'identification génère à l'âge adulte une identité flottante.

Jésus pouvait parler de lui-même en disant « je » aussi bien qu'« il », ou encore prétendre s'exprimer au nom de Dieu. Ses prières dans le désert devaient vraisemblablement prendre la forme de conversations intérieures, qui excluaient la réalité. Dans ces dialogues internes, les rôles n'étaient sans doute pas aussi bien déterminés qu'ils ne le sont chez un être sain. Deux personnes au moins se trouvaient sans doute en présence. Mais « qui était qui ? » devait rester assez indéterminé. Au moins le dogme de la Trinité eut-il le mérite de fixer quelque limite à ces flottements identitaires. Une Trinité schizophrénique.

Que Jésus soit passé pour un fou de son vivant n'est plus étonnant, que ce soit devant sa propre famille ou pour une partie de la foule. La schizophrénie n'est pas anodine, même si Jésus n'emprunte que certains traits à cette maladie psychique.

Bien des problèmes restent à affronter. Si Jésus avait été un simple fabulateur, excentrique et isolé, il n'aurait jamais séduit les foules. La grande majorité des schizophrènes communiquent peu ou mal, et sont vite pris pour des fous par leurs proches, même sans la moindre connaissance en psychologie de leur part. Or, de son vivant, seules sa famille et une partie de la foule ont pris conscience de sa folie. L'autre partie a cru en lui.

Jésus ne pouvait être simplement schizophrène. Il devait être beaucoup plus.

Nous voudrions découvrir quoi.

# Chapitre II
## Le caractère anal de Jésus

D'après ce qui filtre des Évangiles, Jésus paraissait très binaire. Il semblait aimer diviser l'univers en deux parties distinctes, à contresens d'une réalité qui connaît bien des nuances. Sans doute était-il ce qu'on a appelé, depuis, « manichéen ». Cette façon de voir se manifeste dans maints passages des Évangiles[37] :

« Tout bon arbre porte de bons fruits, mais le mauvais arbre porte de mauvais fruits. Un bon arbre ne peut porter de mauvais fruits, ou un mauvais arbre porter de bons fruits. »[38]

Cette division à la hache revenait même pour une question grave, le bilan d'une vie. L'affirmation suivante est frappante, tant il semble que dans une existence, un homme accomplit des actes tantôt « bons » tantôt « mauvais »…

« Ceux qui auront fait le bien ressusciteront pour la vie, mais ceux qui auront fait le mal ressusciteront pour le jugement. »[39]

Enfin, cette vision infantile du monde apparaît dans la formule :

---

37. Voir notamment *Matthieu* (6 : 24), (12 : 36), (15 : 11), *Luc* (16 : 13).
38. *Matthieu* (7 : 17-18).
39. *Jean* (5 : 29).

« Celui qui n'est pas avec moi est contre moi [...] »[40]

Cette scission binaire se retrouve avec la question de la vérité. Jésus ne cessait de répéter qu'il avait raison, qu'il détenait la vérité, tandis que les autres auraient toujours été dans l'erreur. Rarement un homme ne fut plus certain de son fait. Sa formule « en vérité » est édifiante à cet égard. Il la répétait à satiété, parfois doublée, voire complétée – « en vérité en vérité je vous le dis ».

« Je suis né et je suis venu dans le monde pour rendre témoignage à la vérité. Quiconque est de la vérité écoute ma voix. »[41]

La plupart du temps, son argument était simple. Cette vérité était censée provenir de Dieu :

« Je ne puis rien faire de moi-même : d'après ce que j'entends, je juge ; et mon jugement est juste, parce que je ne cherche pas ma volonté, mais la volonté de celui qui m'a envoyé. »[42]

Dans un monde sans Dieu, c'est un mystère à éclaircir : comment Jésus pouvait-il demeurer aussi certain de détenir une vérité d'origine divine ? D'où lui venait son incroyable conviction ?

Cette certitude d'être dans le vrai entraînait sa conséquence opposée :

« Vous êtes dans l'erreur, parce que vous ne comprenez ni les Écritures, ni la puissance de Dieu. »[43]

Dans la même veine, il ne souffrait pas d'être contredit :

« [Après que Jésus a dit qu'il allait mourir] Et Pierre, l'ayant pris à part, se mit à le reprendre. Mais Jésus, se retournant et regardant ses disciples, réprimanda Pierre, et dit : Arrière de moi,

---

40. *Matthieu* (12 : 30), voir aussi *Marc* (9 : 40) et *Luc* (9 : 50), (11 : 23).
41. *Jean* (18 : 37), voir aussi *Jean* (8 : 16), (14 : 6), (17 : 19).
42. *Jean* (5 : 30), voir aussi *Marc* (9 : 4-8), *Jean* (7 : 28, 30), (8 : 13-14), (8 : 40), (8 : 54-55).
43. *Matthieu* (22 : 29), voir aussi *Marc* (12 : 24-25), (12 : 27), *Luc* (23 : 34).

Satan ! car tu ne conçois pas les choses de Dieu, tu n'as que des pensées humaines. »[44]

Plus généralement, Jésus semble avoir toujours été persuadé de détenir la vérité, et personne n'est jamais parvenu à le faire changer d'avis. Même devant la menace d'une mort prochaine, il maintenait ses convictions. C'est un entêtement qui aura duré toute sa vie. Jésus fut sans doute l'un des hommes les moins influençables que la terre ait portés.

D'après les Évangiles, il semblerait que cette représentation très ordonnée des choses, et cette certitude omniprésente, s'accompagnaient chez Jésus d'un intérêt certain pour la propreté, qui guidait certaines de ses images :

« Il n'est hors de l'homme rien qui, entrant en lui, puisse le souiller ; mais ce qui sort de l'homme, c'est ce qui le souille. »[45]

Jésus utilisait abondamment la notion de pureté, sur le plan moral. Il distinguait d'un côté les esprits dits « impurs », métaphoriquement liés au mal. Et, par opposition, Jésus lui-même se présentait comme un esprit « pur », qui « lavait » les fautes (par le pardon). S'il n'a pas inventé cette rhétorique, elle eut toutefois l'heur de lui plaire.

« Heureux ceux qui ont le cœur pur, car ils verront Dieu ! »[46]

Parfois, de façon paradoxale, Jésus pouvait ne pas respecter des règles de politesse ou de propreté élémentaires :

« [...] un pharisien le pria de dîner chez lui. Il entra, et se mit à table. Le pharisien vit avec étonnement qu'il ne s'était pas lavé avant le repas. »[47]

Jésus semblait nourrir une obsession pour les questions d'argent. Cet intérêt est un trait de son caractère qui passe souvent

---

44. *Marc* (8 : 32-33), voir aussi *Luc* (9 : 59-62), (21 : 15).
45. *Marc* (7 : 15), voir aussi *Matthieu* (15 : 11).
46. *Matthieu* (5 : 8), voir aussi *Luc* (11 : 41).
47. *Luc* (11 : 37-38).

inaperçu, car il était indirect. Jésus n'a vraisemblablement jamais cherché à s'enrichir personnellement. Son ascendant sur les foules le lui aurait pourtant permis. Ce paradoxe constitue d'ailleurs un mystère supplémentaire à élucider.

D'abord, Jésus faisait grand cas des relations entre les riches et les pauvres, attribuant implicitement beaucoup d'importance à l'argent, même avec une connotation négative :

« Les terres d'un homme riche avaient beaucoup rapporté. [Il envisage de s'enrichir encore] Mais Dieu lui dit : Insensé ! cette nuit même ton âme te sera redemandée ; et ce que tu as préparé, pour qui sera-ce ? Il en est ainsi de celui qui amasse des trésors pour lui-même, et qui n'est pas riche pour Dieu. »[48]

Ensuite et surtout, ses paraboles recouraient souvent à l'image de l'échange commercial, même pour évoquer des événements aussi sacrés que l'entrée au paradis.

« Jésus lui dit : Si tu veux être parfait, va, vends ce que tu possèdes, donne-le aux pauvres, et tu auras un trésor dans le ciel. »[49]

Dans le contexte social du temps de Jésus, le commerce occupait une si grande place qu'il semble n'y avoir là rien d'original. Toutefois, Jésus n'en utilise pas moins pleinement cet aspect des relations humaines dans sa façon de s'exprimer. Qu'il s'agisse d'un trait de personnalité banal pour l'époque n'empêche pas que ce soit... un trait de personnalité, dont le sens psychologique reste à trouver.

Comprendre ce qu'est le « caractère anal », appelé également « personnalité obsessionnelle », est crucial pour décrypter le sens de ces curieuses spécificités de comportement et d'expression, sans recourir à l'existence de Dieu.

---

48. *Luc* (12 : 16-21).
49. *Matthieu* (19 : 21), voir aussi *Luc* (12 : 33), (18 : 22).

C'est une personnalité bien structurée, marquée par un souci constant de l'ordre et de la propreté, une grande méticulosité, une ponctualité rigoureuse et un certain perfectionnisme. Elle comporte également un fort entêtement, qui rend compte de la ténacité, de la persévérance de ces sujets peu influençables et volontiers autoritaires. Dans le domaine moral, ces caractéristiques se déclinent dans la fidélité aux engagements, l'attitude scrupuleuse dans les obligations, le sens du devoir[50].

Freud explique que ces traits de personnalité sont des formations de réaction à l'encontre des plaisirs pris dans la prime enfance au stade sadique-anal[51]. L'enfant traverse plusieurs stades, plusieurs étapes, durant lesquels certaines parties de son corps constituent des sources de plaisir privilégiées.

Observer les enfants suffit pour s'en rendre compte.

Le bébé concentre son activité sur la bouche, avec la succion, qui fournit nourriture et bien-être. Il rapporte tout à la bouche. C'est le « stade oral ».

À partir de trois ans environ, un grand changement survient. Le jeune enfant doit affronter le redoutable passage de la maîtrise de ses excréments. L'anus devient le centre des attentions du petit enfant, qui tire un grand plaisir à contrôler ses selles. L'enfant y est encouragé par l'entourage adulte. Lorsqu'il parvient à faire dans le pot, il suscite une grande joie chez les grands. Il a alors l'impression de leur faire un cadeau. Il doit apprendre à devenir propre, ce qui va à l'encontre de la grande satisfaction qu'il prend à salir son environnement, à se barbouiller de nourriture, etc. Il aime également casser, détruire et désobéir. C'est le moment où survient une crise de ses pulsions agressives. Il apprend avec

---

50. Voir LEMPERIÈRE (Thérèse) et FÉLINE (André) *et al.*, *Psychiatrie de l'adulte*, Paris, Masson, 1995, chapitre XI, « Les personnalités pathologiques », pp. 126-127.
51. Voir FREUD (Sigmund), « Caractère et érotisme anal », 1908, in *Névrose, psychose et perversion*, Paris, PUF, 1992, pp. 143-148.

une redoutable efficacité des gros mots, qu'il prend beaucoup de plaisir à répéter.

Cette étape du développement infantile s'appelle, assez logiquement, « stade sadique-anal ».

Or, dans l'inconscient, rien de ce qui a été vécu ne disparaît. Les désirs, une fois ressentis, continuent d'exister, mais dans l'inconscient seulement, puisque la société empêche leur réalisation.

C'est ainsi que naît le caractère anal. Quand ces pulsions sadiques-anales sont trop actives dans l'inconscient, le sujet réagit en se donnant à lui-même des habitudes et des devoirs opposés. La propreté excessive apparaît comme une formation réactionnelle contre ce goût de la saleté, de même que la soumission et la politesse exagérées se sont substituées à l'agressivité inconsciente intense. Parfois, les pulsions réprimées s'expriment directement, avec des attitudes tyranniques, des propos orduriers ou autres violations des règles de bienséance. Certaines pulsions peuvent également être « sublimées », c'est-à-dire prendre des formes symboliques qui sont socialement utiles ou admises. L'appétit pour l'argent remplace l'intérêt que l'enfant témoignait pour ses matières fécales. L'argent représente en ce sens un symbole universel, recouvrant un autre sens que celui conféré consciemment par Jésus ou ses auditeurs.

Après le stade sadique-anal, survient le stade « phallique », durant lequel l'enfant trouve une nouvelle source de plaisir avec son sexe, le pénis ou le clitoris. C'est l'âge où l'enfant ne cesse de toucher ses parties génitales, ce qui se heurte à la nécessaire opposition de l'entourage éducatif. Ces trois stades disparaissent ensuite, à la fin de l'enfance, pour laisser place à un « stade de latence ». Toutefois, ils ont marqué à jamais l'inconscient, et réapparaissent simultanément avec la puberté...

Les traits de personnalité de Jésus, évoqués dans ce chapitre, peuvent maintenant s'expliquer, à l'exception de l'agressivité, qui sera traitée dans le chapitre suivant.

Le caractère de Jésus semble s'être construit en réaction à de fortes pulsions sadiques-anales, d'où son souci exagéré pour l'ordre. Celui-ci apparaissait sous plusieurs formes : un devoir obsédant de pureté et un certain autoritarisme. Cet ordre et cette pureté apparaissaient directement dans ce fameux jugement binaire, tranché, manichéen, qui ne laissait pas de place aux nuances ou aux approximations. Ce classement binaire était opéré en force, ce qui trahit encore l'autoritarisme, d'origine sadique. Le plaisir infantile à retenir et maîtriser ses selles perçait enfin dans l'entêtement manifeste de Jésus. Ne pas supporter la contradiction, ou être persuadé d'avoir toujours raison, revenait à imposer agressivement sa vision de l'ordre du monde, à l'encontre des lois naturelles ou sociales.

Comme pour la schizophrénie, cet ordre est issu de l'inconscient, et rentrait nécessairement en conflit avec la réalité de la société de son temps. Jésus rejetait l'ordre social de la réalité, en tant que psychotique. Il cherchait en plus à imposer un autre ordre, issu non pas de Dieu, comme il le croyait, mais de son inconscient.

Cette hypersensibilité à l'ordre présente deux aspects contradictoires, comme double mouvement inversé de la schizophrénie. D'un côté, Jésus rejetait toute autorité extérieure qui n'abondait pas dans le sens de ses désirs personnels. D'un autre côté, il tâchait d'imposer un ordre nouveau, le sien. Jésus était à la fois ordonné, pour ce qui concernait sa propre conception, et désordonné, en tant qu'il aimait détruire ou souiller tout ordre n'émanant pas de lui-même. Concrètement, il exigeait la pureté à l'égard des règles qu'il imposait, tandis qu'il pouvait se montrer volontiers sale et impoli par rapport aux lois des autres. Dans ce cas, la pulsion refoulée perce directement, ce qui est typique du caractère anal.

Celui-ci regroupe habituellement trois caractéristiques, que sont l'ordre (avec la propreté), l'obstination et… l'avarice. Or Jésus se montrait plus soucieux de ce qu'il appelait la vérité, ou la justice, que d'un quelconque enrichissement. Aucun indice ne le montrait avare ou vénal. Au contraire, Jésus incitait constamment à l'abandon des richesses terrestres.

En revanche, si vraiment il croyait à cette richesse du ciel, qui surpasserait tous les trésors terrestres, alors son manque d'appétit pour l'argent matériel doit être transposé, ainsi que sa haine des riches. Ne pensait-il pas détenir la clef du royaume de Dieu ? Jésus devenait *ipso facto* très riche lui-même.

La « sublimation » désigne un mécanisme psychologique qui redirige les pulsions basiques vers des intérêts plus élevés, socialement valorisés. Si l'argent représente une sublimation de l'intérêt infantile pour les excréments, Jésus l'a sublimé une seconde fois, en s'intéressant plus au ciel qu'aux biens matériels. L'objet reste le même, comme bien d'échange susceptible d'apporter du plaisir et de s'accumuler. Pourtant, si le paradis n'existe pas, ce n'est plus en haut, vers le ciel, que pointe l'intérêt premier de Jésus. C'est en bas, dans l'inconscient. Jésus nourrissait une obsession pour des richesses non plus célestes, mais inconscientes. Cette richesse, qui le fascinait tant et qu'il promettait sans cesse à ses auditeurs, prend soudain un tout autre aspect…

À présent, une classe très particulière de psychotiques apparaît. Ils surgissent au confluent du caractère anal, avec son grand souci de l'ordre, et de la schizophrénie, avec son ego surgonflé et ses bouffées délirantes mais désorganisées. Ces psychotiques particuliers sont rares dans la population, bien qu'ils suscitent une forte agitation sociale.

De là à comprendre comment un psychotique au caractère anal a pu rencontrer le moindre succès auprès des foules, en produisant des images alambiquées à partir de ses désirs infantiles, le chemin est encore long.

# Chapitre III
# La paranoïa de Jésus

Contre toute attente, Jésus semblait particulièrement agressif, dans ses paroles comme dans ses actes. Il avait clairement annoncé la couleur, à maintes reprises qui plus est :

« Ne croyez pas que je sois venu apporter la paix sur la terre ; je ne suis pas venu apporter la paix, mais l'épée. Car je suis venu mettre la division entre l'homme et son père, entre la fille et sa mère, entre la belle-fille et sa belle-mère ; et l'homme aura pour ennemis les gens de sa maison. »[52]

Supposons que cette proclamation relève, une fois de plus, de la métaphore. Imaginons que Jésus n'ait eu à l'esprit que des guerres mentales, des combats moraux, des choix de valeurs. L'inconscient ne s'y trompe pas, l'image employée reste bien une image guerrière, des plus agressives. Le symbole de l'épée ne laisse guère de doute. Qui plus est, la citation précédente était peut-être une allusion à sa propre famille, qui ne croyait pas en lui. Que ce soit le cas ou non, vouloir porter la guerre au sein même d'une famille trahit une agressivité des plus intenses.

---

52. *Matthieu* (10 : 34-36), (24 : 6), voir aussi *Luc* (12 : 49-53).

Jésus paraissait vouloir imposer son point de vue par la force, fût-elle métaphorique :

« Voici, je vous ai donné le pouvoir de marcher sur les serpents et les scorpions, et sur toute la puissance de l'ennemi ; et rien ne pourra vous nuire. »[53]

Où est-il, le grand pacifiste ?

Une autre forme d'agressivité, indirecte celle-là mais non moins patente, est représentée par l'autoritarisme, pour ne pas dire la tyrannie. Celle-ci peut prendre à son tour plusieurs formes, dont la forte propension à donner des ordres à tous, et des ordres bien difficiles à réaliser de préférence. Jésus semblait exceller dans cette forme d'agressivité.

Si Dieu existait, et si Jésus était son envoyé, il serait certes banal de le voir constamment donner des ordres. Si Dieu n'existe pas, il devient très problématique d'expliquer pourquoi Jésus passait son temps à tyranniser son entourage avec ses injonctions innombrables. Comment expliquer qu'il s'autorisait à dire à tout le monde ce qu'il devait faire, en se positionnant clairement en redresseur de torts ?

C'est le moment de penser à retirer ses lunettes chrétiennes : même un athée pourrait croire que cette agressivité était justifiée, en ayant involontairement l'arrière-pensée que Jésus était dans son bon droit. Certes, ses commandements sont considérés comme « bons » aujourd'hui, mais ce n'en sont pas moins des commandements, à recevoir comme tels. Le fait que ses valeurs se soient imposées depuis, n'enlève rien à l'autoritarisme formel avec lequel Jésus a tâché de les infliger, bien au contraire.

Jésus donnait des ordres à quelques-uns :

« Partez ; voici, je vous envoie comme des agneaux au milieu des loups. Ne portez ni bourse, ni sac, ni souliers, et ne saluez

---

53. *Luc* (10 : 19).

personne en chemin. Dans quelque maison que vous entriez, dites d'abord : Que la paix soit sur cette maison ! Et s'il se trouve là un enfant de paix, votre paix reposera sur lui ; sinon, elle reviendra à vous. Demeurez dans cette maison-là, mangeant et buvant ce qu'on vous donnera ; car l'ouvrier mérite son salaire. N'allez pas de maison en maison. Dans quelque ville que vous entriez, et où l'on ne vous recevra pas, allez dans ses rues, et dites-leur : Le royaume de Dieu s'est approché de vous. Mais dans quelque ville que vous entriez, et où l'on ne vous recevra pas, allez dans ses rues, et dites : Nous secouons contre vous la poussière même de votre ville qui s'est attachée à nos pieds [...] »[54]

Jésus donnait des ordres à la foule :

« Or, il y avait environ cinq mille hommes. Jésus dit à ses disciples : Faites-les asseoir par rangées de cinquante. »[55]

Jésus donnait des ordres aux esprits :

« Jésus lui dit : Retire-toi, Satan ! »[56]

Jésus donnait des ordres universels, particulièrement exigeants qui plus est :

« Si ton œil droit est pour toi une occasion de chute, arrache-le et jette-le loin de toi. [...] Et si ta main droite est pour toi une occasion de chute, coupe-la et jette-la loin de toi [...] »[57]

Sur ce dernier point, le lecteur des Évangiles pourra répondre, encore une fois, que ce ne sont que des symboles, des métaphores, des allégories, bref de simples paraboles. Ce n'est pourtant pas si évident, à voir certaines populations, à certaines époques, couper la main des voleurs, ou la langue des menteurs. Du symbole à la

---

54. *Luc* (10 : 2-11), voir aussi *Matthieu* (4 : 18-19), (12 : 15-16), (22 : 37-40), (23 : 26), *Marc* (6 : 7-9), (12 : 29-31, 34), (14 : 38), *Luc* (9 : 1-5), *Jean* (1 : 43).
55. *Luc* (9 : 14), voir aussi *Matthieu* (11 : 28-29).
56. *Matthieu* (4 : 10).
57. *Matthieu* (5 : 29), (6 : 7-9), voir aussi *Jean* (13 : 34).

réalité, le chemin est court. Ensuite, le véritable référent de ce symbole reste à découvrir...

La tyrannie de Jésus, signe de son agressivité, pouvait prendre également une forme négative. Au lieu d'ordonner ce qu'il fallait faire, Jésus se complaisait à limiter le champ d'action des hommes par une myriade d'interdits en tous genres.

Jésus imposait des interdits à quelques-uns :

« Si tu veux entrer dans la vie, observe les commandements. Lesquels ? lui dit-il. Et Jésus répondit : Tu ne tueras point ; tu ne commettras point d'adultère ; tu ne déroberas point ; tu ne diras point de faux témoignage ; honore ton père et ta mère ; et : Tu aimeras ton prochain comme toi-même. »[58]

Jésus imposait des interdits à la foule :

« Ne craignez pas ceux qui tuent le corps et qui, après cela, ne peuvent rien faire de plus. Je vous montrerai qui vous devez craindre. »[59]

Jésus imposait des interdits universels :

« [...] Gardez-vous avec soin de toute avarice [...] »[60]

Après avoir donné ses ordres et imposé ses interdits tyranniques, Jésus ne s'arrêtait pas là. Dans une attitude dominatrice, typique de l'agressivité, il cherchait à être obéi à tout prix. En ce sens, il allait spontanément utiliser différentes techniques. Pour commencer, il n'hésitait pas à s'adonner au chantage, menaçant des pires maux tout contrevenant à ses ordres et interdits multiples. C'est ce qui transparaît en lisant entre les lignes des Évangiles.

---

58. *Matthieu* (19 : 17-19), voir aussi *Matthieu* (10 : 5-6), (17 : 9), *Luc* (9 : 55), (18 : 20), *Jean* (8 : 11).
59. *Luc* (12 : 4-5).
60. *Luc* (12 : 15), voir aussi *Matthieu* (5 : 34-37), (5 : 39-42), (6 : 7-8), (6 : 19), *Luc* (12 : 16-21).

D'abord, il semblait envisager des violences physiques. Elles sont révélatrices d'une personnalité hautement agressive, et ne manqueront pas d'engendrer à l'occasion de véritables représailles :

« Et son maître, irrité, le livra aux bourreaux, jusqu'à ce qu'il ait payé tout ce qu'il devait. C'est ainsi que mon Père céleste vous traitera, si chacun de vous ne pardonne à son frère de tout son cœur. »[61]

Il ne s'attaquait d'ailleurs pas seulement aux hommes :

« Comme Jésus s'en allait, au sortir du temple, ses disciples s'approchèrent pour lui en faire remarquer les constructions. Mais il leur dit : Voyez-vous tout cela ? Je vous le dis en vérité, il ne restera pas ici pierre sur pierre qui ne soit renversée. »[62]

Et ses menaces agressives pouvaient monter encore d'un cran :

« Mais malheur à vous, pharisiens ! parce que vous payez la dîme de la menthe, de la rue, et de toutes les herbes, et que vous négligez la justice et l'amour de Dieu : c'est là ce qu'il fallait pratiquer, sans omettre les autres choses. Malheur à vous, pharisiens ! »[63]

Bien souvent, Jésus était plus définitif :

« [...] si vous ne vous repentez, vous périrez tous également. »[64]

Même au-delà de la mort, Jésus accablait de sa vindicte les réfractaires à son enseignement :

« Je vous le dis en vérité, si vous ne vous convertissez et si vous ne devenez comme les petits enfants, vous n'entrerez pas dans le royaume des cieux. »[65]

---

61. *Matthieu* (18 : 35), voir aussi *Luc* (12 : 47).

62. *Matthieu* (24 : 1-2).

63. *Luc* (11 : 42-43).

64. *Luc* (13 : 3, 5), voir aussi *Matthieu* (15 : 13-14), (18 : 6), (21 : 44-46), *Luc* (17 : 1-3).

65. *Matthieu* (18 : 3), voir aussi *Matthieu* (5 : 20), (12 : 36-37), *Marc* (8 : 38), *Luc* (9 : 26).

Enfin, point d'orgue de ce sinistre crescendo, Jésus menaçait de l'enfer les récalcitrants :

« [À la fin du monde] Le Fils de l'homme enverra ses anges, qui arracheront de son royaume tous les scandales et ceux qui commettent l'iniquité, et ils les jetteront dans la fournaise ardente, où il y aura des pleurs et des grincements de dents. »[66]

L'agressivité peut prendre une autre forme, plus subtile, qui consiste à conforter son ascendant sur autrui par des promesses. C'est une technique bien connue des hommes politiques, qui visent à obtenir toujours plus d'emprise sur les foules. Les promesses, surtout celles qui sont impossibles à réaliser, sont le pendant insidieux de la menace. La menace constitue une promesse de désagrément, ce qui dénote une évidente agressivité. La promesse positive, par effet miroir, n'en est pas moins malveillante, à cause non seulement de sa mauvaise intention (le contrôle de la foule), mais également de sa perfidie (l'agressivité s'avance masquée).

Les promesses constituent un outil extrêmement puissant sur le plan politique. L'espoir qu'elles suscitent quand la situation présente est désagréable, permet de supporter ces désagréments, longtemps, très longtemps, voire toute la vie si justement cet engagement concerne l'au-delà. Jésus avait compris intuitivement ce principe prisé par les politiciens : c'est avec l'espoir qu'on mène les foules.

La promesse à laquelle recourait le plus souvent Jésus est immense. Il affirmait qu'en obéissant à ses ordres, particulièrement exigeants, le croyant obtiendrait…

« Je vous le dis en vérité, il n'est personne qui, ayant quitté, à cause de moi et à cause de la bonne nouvelle, sa maison, ou ses

---

66. *Matthieu* (13 : 41-42), voir aussi *Matthieu* (11 : 20-24), (18 : 8-9), (23 : 33, 36), *Marc* (9 : 42-48), *Luc* (10 : 12-15), (13 : 27-28).

frères, ou ses sœurs, ou sa mère, ou son père, ou ses enfants, ou ses terres, ne reçoive au centuple, présentement dans ce siècle-ci, des maisons, des frères, des sœurs, des mères, des enfants, et des terres, avec des persécutions, et, dans le siècle à venir, la vie éternelle. »[67]

Toutefois, si l'éternité ne suffisait pas, Jésus promettait… tout !

« [...] tout ce que vous demanderez en mon nom, je le ferai, afin que le Père soit glorifié dans le Fils. Si vous demandez quelque chose en mon nom, je le ferai. »[68]

Une épineuse question surgit : comment des hommes ont-ils pu croire à des promesses aussi démesurées, alors que l'expérience enseigne quotidiennement combien les êtres vivants sont limités et mortels ?

À quels meilleurs outils recourir, pour le tyran qui veut contrôler les foules, que des menaces ou des promesses ? Aux deux en même temps, bien sûr. C'est le marchandage, qui signe du même coup le retour insidieux d'un trait du caractère anal. Il consiste à déclarer : si vous réalisez ce que je dis, alors je vous promets des merveilles ; si vous ne le faites pas, alors je vous menace de malheurs. C'est un apparent « donnant donnant ». Le rapport aux autres prend la tournure d'un échange commercial, dans lequel l'obéissance est troquée contre… du vent. « Des actes contre des paroles » pourraient bien constituer une forme sublimée d'avarice.

Jésus déclarait ainsi :

« Je vous le dis, quiconque se déclarera publiquement pour moi, le Fils de l'homme se déclarera aussi pour lui devant les anges de Dieu ; mais celui qui me reniera devant les hommes sera renié devant les anges de Dieu. Et quiconque parlera contre le Fils

---

67. *Marc* (10 : 29-30), voir aussi *Matthieu* (5 : 3-5, 12), (19 : 29), *Jean* (6 : 35), (6 : 47), (8 : 51-52).
68. *Jean* (14 : 13-14), voir aussi *Matthieu* (7 : 7), *Jean* (15 : 7).

de l'homme, il lui sera pardonné ; mais à celui qui blasphémera contre le Saint-Esprit, il ne sera point pardonné. »[69]

Dans la lignée de cette agressivité indirecte, il est logique de voir apparaître un symptôme plus manifeste. Jésus semble avoir volontiers et copieusement recouru… aux insultes[70]. C'est plutôt inattendu, pour un représentant de Dieu, ou même un sage :

« Pour moi, je le connais [Dieu] ; et, si je disais que je ne le connais pas, je serais semblable à vous, un menteur. »[71]

« Malheur à vous, conducteurs aveugles ! […] Insensés et aveugles ! […] Serpents, race de vipères ! »[72]

« Malheur à vous, scribes et pharisiens hypocrites ! parce que vous ressemblez à des sépulcres blanchis, qui paraissent beaux au-dehors, vous paraissez justes aux hommes, mais, au-dedans, vous êtes pleins d'hypocrisie et d'iniquité. »[73]

« Races de vipères, comment pourriez-vous dire de bonnes choses, méchants comme vous l'êtes ? »[74]

« [Après avoir chassé les vendeurs de pigeons du temple, il dit :] Il est écrit : Ma maison sera appelée une maison de prière. Mais vous, vous en faites une caverne de voleurs. »[75]

Comme l'expérience la plus prosaïque l'enseigne, les insultes précèdent souvent les violences.

Si Jésus n'incarne pas la parole de Dieu, il n'y a plus que son agressivité pour expliquer qu'il se permette des violences, sans la moindre légitime défense :

---

69. *Luc* (12 : 8-10), voir aussi *Matthieu* (10 : 32-33), (16 : 25), *Marc* (8 : 35), (16 : 16).
70. *Matthieu* (7 : 5), (7 : 11), (7 : 26), (12 : 38-39), (16 : 4), (17 : 17), *Marc* (7 : 5-6), *Luc* (9 : 41), (11 : 13), (11 : 29), (11 : 39-40), (12 : 1), (12 : 56), (13 : 15).
71. *Jean* (8 : 55).
72. *Matthieu* (23 : 16-17, 33).
73. *Matthieu* (23 : 27-28).
74. *Matthieu* (12 : 34).
75. *Matthieu* (21 : 13), voir aussi *Marc* (11 : 17) et *Luc* (19 : 46).

« Ils arrivèrent à Jérusalem, et Jésus entra dans le temple. Il se mit à chasser ceux qui vendaient et qui achetaient dans le temple ; il renversa les tables des changeurs, et les sièges des vendeurs de pigeons ; et il ne laissait personne transporter aucun objet à travers le temple. »[76]

Sur le thème de l'agressivité, quelle surprise de découvrir un Jésus rancunier : ne nourrissait-il pas des désirs de vengeance flagrants ?

« Ensuite, il [Jésus dans le royaume de Dieu] dira à ceux qui seront à sa gauche [qui ne l'ont pas suivi de son vivant] : Retirez-vous de moi, maudits ; allez dans le feu éternel qui a été préparé pour le diable et pour ses anges. Car j'ai eu faim, et vous ne m'avez pas donné à manger ; j'ai eu soif, et vous ne m'avez pas donné à boire ; j'étais étranger, et vous ne m'avez pas recueilli ; j'étais nu, et vous ne m'avez pas vêtu ; j'étais malade et en prison, et vous ne m'avez pas rendu visite. »[77]

En particulier et contre toute attente, Jésus semblait garder un chien de sa chienne à Judas :

« Le Fils de l'homme s'en va, selon ce qui est écrit de lui. Mais malheur à l'homme par qui le Fils de l'homme est livré ! Mieux vaudrait pour cet homme qu'il ne soit pas né. »[78]

Que Jésus n'ait pas pardonné à Judas est bien curieux. Il était censé avoir prévu cette trahison bien à l'avance, et il enjoignait au pardon. Ce fait attire l'attention du psychologue enquêteur…

Toute cette agressivité de Jésus, sous ces multiples formes, ne pouvait manquer d'engendrer querelles et brouilles. Les Évangiles montrent, en creux, que la vie de Jésus fut truffée de complications de ce genre.

---

76. *Marc* (11 : 15-16), voir aussi *Luc* (19 : 45-46) et *Matthieu* (21 : 12).
77. *Matthieu* (25 : 41-43), voir aussi *Matthieu* (12 : 31), *Marc* (3 : 28-30), *Luc* (12 : 9-10).
78 *Matthieu* (26 : 24), voir aussi *Marc* (14 : 21), *Luc* (22 : 22).

Pour commencer, Jésus semblait délibérément réaliser des actes interdits, d'où le courroux prévisible des représentants des lois.

« C'est pourquoi les Juifs poursuivaient Jésus, parce qu'il faisait ces choses le jour du sabbat. Mais Jésus leur répondit : Mon Père agit jusqu'à présent ; moi aussi, j'agis. À cause de cela, les Juifs cherchaient encore plus à le faire mourir, non seulement parce qu'il violait le sabbat, mais parce qu'il appelait Dieu son propre Père, se faisant lui-même égal à Dieu. »[79]

D'après les Évangiles, ses assertions et son attitude déclenchaient des réactions violentes :

« [Après que Jésus a dit aux Juifs qu'il existait déjà avant Abraham, ils sont excédés] Là-dessus, ils prirent des pierres pour les jeter contre lui ; mais Jésus se cacha, et il sortit du temple. »[80]

*A fortiori*, une menace de mort proférée par Jésus laissait augurer de sérieuses complications à venir :

« [Jésus fait la citation suivante :] Quiconque tombera sur cette pierre s'y brisera, et celui sur qui elle tombera sera écrasé [fin de citation]. Les principaux sacrificateurs et les scribes cherchèrent à mettre la main sur lui à l'heure même, mais ils craignaient le peuple. Ils avaient compris que c'était pour eux que Jésus avait dit cette parabole. »[81]

Finalement, en réaction à ses provocations, menaces et autres insultes, les contemporains de Jésus devinrent à leur tour extrêmement agressifs à son encontre. Ils allèrent jusqu'à souhaiter sa mort, ce qui indique à quel point il les avait excédés :

« [...] les principaux sacrificateurs, les scribes, et les principaux du peuple cherchaient à le faire périr [...] »[82]

---


79. *Jean* (5 : 16-18), voir aussi *Luc* (6 : 11), (13 : 14), (14 : 3-4), *Jean* (10 : 33).
80. *Jean* (8 : 59), voir aussi *Jean* (18 : 21-22).
81. *Luc* (20 : 18-19).
82. *Luc* (19 : 47), voir aussi *Marc* (3 : 6), (11 : 18), (14 : 1), *Luc* (22 : 2).

Ils trouvèrent le moyen de le faire périr, en le livrant aux Romains, qui le crucifièrent – résultat prévisible de la haine qu'il avait suscitée par son attitude agressive[83].

Non seulement Jésus semble s'être brouillé avec beaucoup, mais encore sa promesse de guerres intestines ne resta-t-elle pas lettre morte :

« Il y eut donc, à cause de lui, division parmi la foule. »[84]

Une valeur issue du christianisme consiste à condamner la délation, du fait que Judas a dénoncé Jésus aux Romains. Dès lors, le conseil suivant est paradoxal :

« Si ton frère a péché [et] s'il ne t'écoute pas, prends avec toi une ou deux personnes, afin que toute l'affaire se règle sur la déclaration de deux ou de trois témoins. S'il refuse de les écouter, dis-le à l'Église [...] »[85]

L'agressivité s'accompagne très souvent de froideur affective. Contre toute attente, Jésus parut manifester de l'indifférence à l'égard de sa propre famille, sans doute sous prétexte qu'elle ne croyait pas en lui :

« La mère et les frères de Jésus vinrent le trouver ; mais ils ne purent l'aborder, à cause de la foule. On lui dit : Ta mère et tes frères sont dehors, et ils désirent te voir. Mais il répondit : Ma mère et mes frères, ce sont ceux qui écoutent la parole de Dieu, et qui la mettent en pratique. »[86]

Après avoir évoqué son agressivité sous ces multiples formes, examinons d'autres symptômes de Jésus.

Il semblait être en proie aux hallucinations. D'après les Évangiles, il affirmait souvent entendre la voix de Dieu, ou

---

83. *Matthieu* (26 : 47-50), (27 : 1-2), (27 : 20), (27 : 22), (27 : 39, 44), *Marc* (15 : 11), (15 : 12-15), (15 : 18-20), (15 : 32), *Luc* (22 : 63-64).
84. *Jean* (7 : 43).
85. *Matthieu* (18 : 17).
86. *Luc* (8 : 19-21).

même de Moïse. Ses hallucinations étaient surtout auditives. Le cas suivant bénéficie de conditions matérielles particulièrement propices :

« Après avoir jeûné quarante jours et quarante nuits, [Jésus] eut faim. Le tentateur, s'étant approché, lui dit : Si tu es Fils de Dieu, ordonne que ces pierres deviennent des pains. [Le diable] lui dit : Si tu es Fils de Dieu, jette-toi en bas [...] »[87]

Quelques hallucinations furent également visuelles :

« Dès que Jésus eut été baptisé [alors qu'il était adulte], il sortit de l'eau. Et voici, les cieux s'ouvrirent, et il vit l'Esprit de Dieu descendre comme une colombe et venir sur lui. Et voici, une voix fit entendre des cieux ces paroles : Celui-ci est mon Fils bien-aimé, en qui j'ai mis toute mon affection. »[88]

Une hallucination étant par définition personnelle, son lien avec le succès de Jésus apparaît pour le moins obscur...

Voici maintenant un délire qui semble de prime abord indépendant des deux précédents groupes de symptômes, que sont l'agressivité et les hallucinations. Jésus semblait nourrir un important sentiment de persécution. De très nombreux passages l'attestent. Les lecteurs de la Bible répondront qu'il fut réellement persécuté. C'est en partie vrai, bien qu'il ait lui-même provoqué la majorité de ses souffrances. Mais surtout, quand bien même il n'aurait pas causé directement ses propres persécutions, un grand mystère demeure : Si Jésus était un simple humain, comment a-t-il pu prévoir les brimades dont il fut réellement la victime par la suite ?

---

87. *Matthieu* (4 : 2, 3 & 6), voir aussi *Luc* (4 : 1-13).
88. *Matthieu* (3 : 16-17), voir aussi *Marc* (1 : 9-11), *Luc* (1 : 21-22), *Matthieu* (17 : 2-3 & 5), et *Luc* (10 : 18), (22 : 43-44).

« Car Jésus savait dès le commencement qui étaient ceux qui ne croyaient point, et qui était celui qui le livrerait. »[89]

Jésus avait en plus le sentiment permanent d'être haï :

« Mais cela est arrivé afin que s'accomplisse la parole qui est écrite dans la loi : Ils m'ont haï sans cause. »[90]

Jésus généralisait la haine et les persécutions qu'il allait subir, au sort de ses disciples :

« Heureux serez-vous, lorsque les hommes vous haïront, lorsqu'on vous chassera, vous outragera, et qu'on rejettera votre nom comme infâme, à cause du Fils de l'homme ! »[91]

Bien que les évangélistes aient très vraisemblablement inventé des histoires supplémentaires, étrangères à Jésus, ils n'en ont pas moins respecté l'esprit de leur maître, en conférant à leurs écrits un climat de persécution :

« [...] un ange du Seigneur apparut en songe à Joseph, et dit : Lève-toi, prends le petit enfant et sa mère, fuis en Égypte, et restes-y jusqu'à ce que je te parle ; car Hérode cherchera le petit enfant pour le faire périr. [...] Quand Hérode fut mort, voici, un ange du Seigneur apparut en songe à Joseph, en Égypte, et dit : Lève-toi, prends le petit enfant et sa mère, et va dans le pays d'Israël, car ceux qui en voulaient à la vie du petit enfant sont morts. »[92]

Un sentiment afférent au délire de persécution est la suspicion omniprésente. Très souvent, Jésus paraissait enjoindre à la

---

89. *Jean* (6 : 64), voir aussi *Matthieu* (26 : 21), *Marc* (9 : 12), *Luc* (9 : 44), *Jean* (6 : 70-71), (18 : 4).

90. *Jean* (15 : 25), voir aussi *Jean* (7 : 7), (15 : 24).

91. *Luc* (6 : 22), voir aussi *Matthieu* (5 : 11), (5 : 12), (10 : 17, 22-23), *Marc* (13 : 9, 13), *Luc* (21 : 12), (21 : 17), *Jean* (15 : 18), (15 : 20).

92. *Matthieu* (2 : 13, 19-20).

méfiance, contre les faux prophètes, les hommes, les scribes, les ténèbres intérieures, soi-même, etc.[93] :

« Prenez garde, veillez et priez ; car vous ne savez quand ce temps viendra. Il en sera comme d'un homme qui, partant pour un voyage, laisse sa maison, remet l'autorité à ses serviteurs, indique à chacun sa tâche, et ordonne au portier de veiller. Veillez donc, car vous ne savez quand viendra le maître de la maison, ou le soir, ou au milieu de la nuit, ou au chant du coq, ou le matin ; craignez qu'il ne vous trouve endormis, à son arrivée soudaine. Ce que je vous dis, je le dis à tous : Veillez. »[94]

Suite à cette méfiance et ce sentiment de persécution, vient sans surprise un penchant certain pour la dissimulation, les secrets, voire l'anonymat. Selon les Évangiles, Jésus demandait souvent la discrétion après une guérison miraculeuse :

« Il guérit tous les malades, et il leur recommanda sévèrement de ne pas le faire connaître [...] »[95]

Cette dissimulation de sa réussite contraste singulièrement avec ses efforts pour faire accepter ses préceptes. Un tel paradoxe se retrouve au sujet de son ascendance divine :

« Alors il recommanda aux disciples de ne dire à personne qu'il était le Christ. »[96]

Une discrétion semblable fut requise après la vision d'Élie et Moïse :

---

93. Voir *Matthieu* (7 : 15), (10 : 16-17), *Marc* (4 : 24), (13 : 5), (13 : 9), (13 : 23), *Luc* (11 : 35), (17 : 3), (20 : 45-46).
94. *Marc* (13 : 33-37).
95. *Matthieu* (12 : 15-16), voir aussi *Matthieu* (8 : 4), (9 : 30-31), *Marc* (1 : 44), (5 : 43), (7 : 36), *Luc* (5 : 14), (8 : 56).
96. *Matthieu* (16 : 20), voir aussi *Marc* (3 : 11-12), (8 : 30), *Luc* (9 : 21).

« Comme ils descendaient de la montagne, Jésus leur recommanda de ne dire à personne ce qu'ils avaient vu, jusqu'à ce que le Fils de l'homme soit ressuscité des morts. »[97]

Jésus semblait également se montrer très discret sur les lieux qu'il fréquentait :

« Jésus, étant parti de là, s'en alla dans le territoire de Tyr et de Sidon. Il entra dans une maison, désirant que personne ne le sache ; mais il ne put rester caché. »[98]

Enfin, il conseillait à autrui ce qui valait pour lui, comme il le faisait pour la méfiance ou la persécution. Ce mécanisme de transposition, typique, méritera une attention toute particulière.

« [...] quand tu pries, entre dans ta chambre, ferme ta porte, et prie ton Père qui est là dans le lieu secret [...] »[99]

Ce penchant pour la méfiance se retrouvait dans son goût pour les mystères, qui pourrait être rapproché avec profit de son langage ésotérique :

« En ce temps-là, Jésus prit la parole, et dit : Je te loue, Père, Seigneur du ciel et de la terre, de ce que tu as caché ces choses aux sages et aux intelligents, et de ce que tu les as révélées aux enfants. »[100]

Cette manie des secrets trouvait son pendant dans le délire d'observation. Les Évangiles semblent révéler, indirectement, que Jésus se sentait observé, en permanence, par son père « céleste ». Si ce père existait, une telle impression découlerait simplement de l'ubiquité divine. Sachant qu'il n'en est rien, voici encore un mystère à expliquer. D'où pouvait lui venir cette impression d'être constamment regardé ?

---

97. *Marc* (9 : 9), voir aussi *Matthieu* (17 : 9).
98. *Marc* (7 : 24), voir aussi *Marc* (9 : 30), *Jean* (7 : 10-11).
99. *Matthieu* (6 : 6), voir aussi *Matthieu* (6 : 3-4).
100. *Matthieu* (11 : 25).

« Il n'y a rien de caché qui ne doive être découvert, ni de secret qui ne doive être connu. C'est pourquoi tout ce que vous aurez dit dans les ténèbres sera entendu dans la lumière, et ce que vous aurez dit à l'oreille dans les chambres sera proclamé sur les toits. »[101]

Or une nouvelle fois, ce que Jésus transposait à l'extérieur, valait surtout pour lui. Ce phénomène mérite une sérieuse explication. Bien qu'il se crût observé, c'était justement lui, Jésus, qui présentait cette forte tendance à l'observation d'autrui. C'est d'ailleurs logique, dans la mesure où il était lui-même méfiant et cachottier. Certains passages trahissent un Jésus très observateur, voire « psychologue » :

« [Des scribes assistent au pardon de Jésus à un paralytique, et se disent en eux-mêmes :] Comment cet homme parle-t-il ainsi ? Il blasphème. Qui peut pardonner les péchés, si ce n'est Dieu seul ? Jésus, ayant aussitôt connu par son esprit ce qu'ils pensaient au-dedans d'eux, leur dit : Pourquoi avez-vous de telles pensées dans vos cœurs ? »[102]

À l'époque, cette réelle faculté à lire les pensées d'autrui paraissait inexplicable, ce qui pouvait inciter des esprits superstitieux à croire en un don surnaturel…

Un autre symptôme, typique de Jésus, passe inaperçu si son ascendance divine est présupposée. D'après les Évangiles, Jésus apparaissait comme assoiffé de justice. Ce fait serait normal, s'il était venu sur terre avec une mission, pour imposer un nouvel ordre voulu par Dieu. Dans ce cas seulement, l'ordre de l'époque peut passer pour injuste, que ce soit celui des Romains ou des Juifs.

---

101. *Luc* (12 : 2-3), voir aussi *Matthieu* (6 : 4), (6 : 6), (6 : 18), *Marc* (4 : 22), *Luc* (8 : 17).
102. *Marc* (2 : 7-8), voir aussi *Matthieu* (12 : 24-25), *Marc* (12 : 15), *Luc* (5 : 22), (6 : 7-8), (9 : 46-47), (11 : 17).

Une fois cette hypothèse mise de côté, l'obsession de Jésus pour la justice, comme pour la vérité, réapparaît pour ce qu'elle est : incroyable. Il faisait partie de ces gens qui se sentent obscurément agressés par le « système » ou la « société ». Ils ne supportent pas l'état des choses qui les entourent, et s'estiment toujours lésés, volés, autrement dit victimes d'injustices. Mais de ce simple constat clinique à sa compréhension, un grand pas reste à franchir.

« Heureux ceux qui ont faim et soif de la justice, car ils seront rassasiés ! »[103]

« Cherchez premièrement le royaume et la justice de Dieu [...] »[104]

Et le sentiment d'être incompris est très proche de cette impression d'injustice :

« Et moi, parce que je dis la vérité, vous ne me croyez pas. »[105]

Cette foison de symptômes, liés au délire de persécution, obscurcit la compréhension du cas Jésus, et plus encore son succès. Comment sa conviction d'être haï a-t-elle pu contribuer à la diffusion de ses idées auprès de ses proches ? Bien au contraire, cet aspect du sentiment de persécution pourrait au mieux expliquer pourquoi il se cachait et s'isolait, ce qui renvoie à un problème antérieur.

Jésus semble avoir développé un autre symptôme caractéristique. Il déployait une grande énergie, un enthousiasme extraordinaire dans ses projets grandioses. Le terme consacré en psychiatrie est « hypersthénie », que l'étymologie permet de traduire par « force excessive ». Elle apparaissait très clairement

---

103. *Matthieu* (5 : 6).
104. *Matthieu* (6 : 33), voir aussi *Matthieu* (5 : 10), (5 : 11), (7 : 23), (12 : 7), (21 : 31-32), (24 : 12), *Luc* (18 : 6-8), (20 : 20), *Jean* (7 : 23-24).
105. *Jean* (8 : 45), voir aussi *Jean* (8 : 43).

dans l'incroyable débauche d'activités de Jésus pour la promotion de sa vision du monde :

« Jésus parcourait toute la Galilée, enseignant dans les synagogues, prêchant la bonne nouvelle du royaume, et guérissant toute maladie et toute infirmité parmi le peuple. »[106]

Les paroles suivantes pourraient recouvrir la même signification, comme véritable formule de l'hypersthénie, qui s'ignore :

« Demandez, et l'on vous donnera ; cherchez, et vous trouverez ; frappez, et l'on vous ouvrira. Car quiconque demande reçoit, celui qui cherche trouve, et l'on ouvre à celui qui frappe. »[107]

Et Jésus trouva un moyen de démultiplier son efficacité, en faisant travailler les autres à ses intérêts :

« Lorsque Jésus eut achevé de donner ses instructions à ses douze disciples, il partit de là, pour enseigner et prêcher dans les villes du pays. »[108]

À en croire les Évangiles, Jésus se caractérisait également par un esprit vif, qui était apparu à l'âge de douze ans au moins :

« Au bout de trois jours, [ses parents] le trouvèrent dans le temple, assis au milieu des docteurs, les écoutant et les interrogeant. Tous ceux qui l'entendaient étaient frappés de son intelligence et de ses réponses. »[109]

Jésus semblait se complaire à présenter un fil apparemment logique à ses longs discours. Ces semblants de raisonnements, ces « ratiocinations », se manifestaient notamment par les nombreux « car », « parce que », « c'est pourquoi », etc., qui émaillaient son curieux mode d'expression. Ces mots de liaison conféraient une impression de cohérence systématique, quoique fondée sur des délires. Pour désigner cette abondance de discours, et cette

---

106. *Matthieu* (4 : 23), voir aussi *Matthieu* (9 : 35), (19 : 1), *Marc* (1 : 39).
107. *Luc* (11 : 9-10).
108. *Matthieu* (11 : 1).
109. *Luc* (2 : 46-47).

propension maladive aux arguments vides et pointilleux, les psychiatres emploient le terme de *logorrhée*, ce qui signifie étymologiquement « flux d'idées ». Qu'il soit au moins permis d'espérer que Jésus se comprenait lui-même, au détour des méandres de ses raisonnements sinueux :

« Tout royaume divisé contre lui-même est dévasté, et toute ville ou maison divisée contre elle-même ne peut subsister. Si Satan chasse Satan, il est divisé contre lui-même ; comment donc son royaume subsistera-t-il ? Et si moi, je chasse les démons par Béelzébul, vos fils, par qui les chassent-ils ? C'est pourquoi ils seront eux-mêmes vos juges. [Etc.] »[110]

Un autre trait subtil perce à travers les propos rapportés par les Évangiles. Jésus semblait lucide, en particulier sur lui-même et sur ce que son entourage pensait de lui. Il percevait avec clairvoyance les résistances que rencontraient ses affirmations pour le moins déroutantes. En voici deux illustrations, chez les Juifs et dans sa propre famille :

« Je sais que vous êtes la postérité d'Abraham ; mais vous cherchez à me faire mourir, parce que ma parole ne pénètre pas en vous. »[111]

Jésus sentait également que « [...] ses frères non plus ne croyaient pas en lui. »[112]

Nul n'est prophète en son pays[113].

À la convergence de l'ego surgonflé et de l'agressivité, un très net sentiment de supériorité survient inévitablement. L'agressivité, en distillant des sentiments haineux vers autrui, engendre un rabaissement d'autrui, tandis que symétriquement la personne agressive s'estime elle-même plus élevée. Ces deux symptômes

---

110. *Matthieu* (12 : 25-27).
111. *Jean* (8 : 37), voir aussi *Marc* (8 : 31), *Luc* (17 : 25).
112. *Jean* (7 : 5).
113. Voir *Luc* (4 : 24).

sont tellement corrélés que la cause et l'effet s'imbriquent intimement : est-ce le gonflement de son ego qui engendre le rabaissement agressif d'autrui, ou l'inverse ? Bref, la coexistence d'un ego surgonflé avec un sentiment de supériorité ne surprend guère. Ce qui est plus étonnant, c'est que Jésus semble avoir été concerné au premier chef par ce symptôme, notamment sous la forme de la prétention :

« [...] je suis doux et humble de cœur. »[114]

Un peu de pédanterie agrémentait aussi sa suffisance, Jésus se trouvant implicitement riche en bons conseils :

« Instruisez-vous par une comparaison tirée du figuier. »[115]

Cette vénérable instruction, décernée à soi-même, n'allait pas à ses yeux sans une certaine intelligence :

« Que celui qui peut comprendre comprenne. »[116]

Jésus se trouvait également très précieux pour ses proches :

« [...] vous avez toujours les pauvres avec vous, et vous pouvez leur faire du bien quand vous voulez, mais vous ne m'avez pas toujours. »[117]

Retirer les lunettes chrétiennes, pour accorder à Jésus le simple statut d'homme, permet de s'apercevoir à quel point ce sentiment de supériorité était stupéfiant :

« Vous êtes d'en bas ; moi, je suis d'en haut. »[118]

« Êtes-vous encore sans intelligence, et ne comprenez-vous pas ? »[119]

---

114. *Matthieu* (11 : 29), voir aussi *Matthieu* (20 : 15).
115. *Marc* (13 : 28).
116. *Matthieu* (19 : 12), voir aussi *Matthieu* (16 : 8-9).
117. *Marc* (14 : 7).
118. *Jean* (8 : 23), voir aussi *Matthieu* (17 : 17), *Marc* (6 : 32), *Jean* (10 : 11), (10 : 16), (13 : 15).
119. *Marc* (8 : 17).

Ce sentiment de supériorité s'accompagnait naturellement d'une grande confiance en soi :

« [...] le jour du sabbat, Jésus entra d'abord dans la synagogue, et il enseigna. Ils étaient frappés de sa doctrine ; car il enseignait comme ayant autorité, et non pas comme les scribes. »[120]

Le sentiment de supériorité présente d'autres facettes, dont un certain faible pour les flatteries :

« [...] il dit à Simon : Vois-tu cette femme ? Je suis entré dans ta maison, et tu ne m'as point donné d'eau pour laver mes pieds ; mais elle, elle les a mouillés de ses larmes, et les a essuyés avec ses cheveux. Tu ne m'as point donné de baiser ; mais elle, depuis que je suis entré, elle n'a point cessé d'embrasser mes pieds. Tu n'as point versé d'huile sur ma tête ; mais elle, elle a versé du parfum sur mes pieds. C'est pourquoi, je te le dis, ses nombreux péchés ont été pardonnés : car elle a beaucoup aimé. [...] Jésus dit à la femme : Ta foi t'a sauvée, va en paix. »[121]

Jésus pouvait encore apparaître comme susceptible :

« [Dix lépreux s'en vont, après avoir reçu les soins de Jésus, mais] L'un d'eux, se voyant guéri, revint sur ses pas, glorifiant Dieu à haute voix. Il tomba sur sa face aux pieds de Jésus, et lui rendit grâces. C'était un Samaritain. Jésus, prenant la parole, dit : Les dix n'ont-ils pas été guéris ? Et les neuf autres, où sont-ils ? Ne s'est-il trouvé que cet étranger pour revenir et donner gloire à Dieu ? »[122]

De même était-il capable, à l'occasion, de bouder après avoir été vexé, et de se livrer à une sorte de chantage affectif :

---

120. *Marc* (1 : 21-22).
121. *Luc* (7 : 44-47, 50), voir aussi *Matthieu* (26 : 10), *Marc* (14 : 6).
122. *Luc* (17 : 15-18), voir aussi *Jean* (8 : 48-49).

« Voici, votre maison vous sera laissée déserte ; mais, je vous le dis, vous ne me verrez plus, jusqu'à ce que vous disiez : Béni soit celui qui vient au nom du Seigneur ! »[123]

La vanité représente un autre aspect du sentiment de supériorité. Elle consiste en une sensibilité exacerbée à l'égard de la bonne opinion des autres. Bien qu'il ait enjoint à la méfiance envers les faux prophètes, Jésus semble s'être laissé séduire par la perspective d'un surcroît de prestige :

« Jean lui dit : Maître, nous avons vu un homme qui chasse des démons en ton nom ; et nous l'en avons empêché, parce qu'il ne nous suit pas. Ne l'en empêchez pas, répondit Jésus ; car il n'est personne qui, faisant un miracle en mon nom, puisse aussitôt après parler mal de moi. [...] Et quiconque vous donnera à boire un verre d'eau en mon nom, parce que vous appartenez à Christ, je vous le dis en vérité, il ne perdra point sa récompense. »[124]

Jésus paraissait manifester un autre symptôme, parfois concomitant à la vanité : l'intérêt (comme dans le cas des marchandages divins, « paradis contre obéissance »). L'esprit calculateur de Jésus est à relier à sa froideur affective et son caractère anal. En voici une illustration :

« Lorsque tu seras invité par quelqu'un à des noces, ne te mets pas à la première place, de peur qu'il n'y ait parmi les invités une personne plus éminente que toi, et que celui qui vous a invités l'un et l'autre ne vienne te dire : Cède la place à cette personne-là. Tu aurais alors la honte d'aller occuper la dernière place. Mais, lorsque tu seras invité, va te mettre à la dernière place, afin que, quand celui qui t'a invité viendra, il te dise : Mon ami, monte

---

123. *Luc* (13 : 25), voir aussi *Matthieu* (23 : 39).
124. *Marc* (9 : 38-41), voir aussi *Matthieu* (15 : 32), *Luc* (8 : 37-39).

plus haut. Alors cela te fera honneur devant tous ceux qui seront à table avec toi. »[125]

Le sentiment de supériorité de Jésus trouvait à s'exprimer d'une autre manière indirecte. Jésus semblait témoigner une attitude d'exigence extrême à l'égard des autres, surtout quand c'était dans son propre intérêt. Sur ce plan, il se révélait terrible, lui qui ne tolérait pas le moindre écart devant la règle :

« Soyez donc parfaits, comme votre Père céleste est parfait. »[126]

À l'égard des règles religieuses qui existaient déjà, Jésus exhortait sans cesse autrui à leur stricte application :

« Après avoir prié, il se leva, et vint vers les disciples, qu'il trouva endormis de tristesse, et il leur dit : Pourquoi dormez-vous ? Levez-vous et priez, afin que vous ne tombiez pas en tentation. »[127]

Toutefois, à l'égard de ces règles anciennes, Jésus en demandait souvent plus encore, dans une surenchère d'exigence :

« Mais moi, je vous dis que quiconque regarde une femme pour la convoiter a déjà commis un adultère avec elle dans son cœur. »[128]

Il inventait également de nouvelles règles de conduite, et insistait beaucoup pour les voir respectées :

« Si ton frère a péché, reprends-le ; et, s'il se repent, pardonne-lui. Et s'il a péché contre toi sept fois dans un jour, et que sept fois il revienne à toi, disant : Je me repens, tu lui pardonneras. »[129]

Enfin, à l'égard de ceux qui décidaient de le suivre, il se montrait encore terriblement difficile :

---

125. *Luc* (14 : 8-11).
126. *Matthieu* (5 : 48).
127. *Luc* (22 : 45-46), voir aussi *Luc* (18 : 1).
128. *Matthieu* (5 : 28), voir aussi *Matthieu* (5 : 21-22), (5 : 31-32).
129. *Luc* (17 : 3-4).

« Ainsi donc, quiconque d'entre vous ne renonce pas à tout ce qu'il possède ne peut être mon disciple. »[130]

Cette emprise délirante sur les autres, au service de son tout-puissant ego, pouvait prendre la forme classique de la jalousie :

« Celui qui aime son père ou sa mère plus que moi n'est pas digne de moi, et celui qui aime son fils ou sa fille plus que moi n'est pas digne de moi [...] »[131]

Comment expliquer la présence concomitante de tous ces traits de personnalité, si incompatibles par ailleurs avec l'image habituelle de Jésus ?

Un petit détour par les connaissances en psychologie est requis.

Dans l'opinion commune, la paranoïa correspond au délire de persécution. S'il est vrai qu'il en relève, il n'est pas le seul, et il n'est pas nécessairement présent. En fait, tous les symptômes évoqués précédemment ont à voir avec la paranoïa. Tâchons maintenant de comprendre comment.

La paranoïa est une psychose. À ce titre, elle possède en commun avec la schizophrénie un mécanisme fondamental : le retrait du monde. Rappelons que celui-ci se décompose en deux temps, avec le reflux sur soi des pulsions, suivi de la reconstruction d'un univers imaginaire par le délire et l'hallucination. Ce mécanisme pathologique entraîne d'autres conséquences, que nous allons détailler maintenant, avant de préciser la spécificité de la paranoïa.

En retirant son intérêt de la réalité, le jeune autiste se détourne de ses parents, ou des éducateurs qui en tiennent lieu. C'est très

---

130. *Luc* (14 : 33), voir aussi *Matthieu* (10 : 38-39), *Marc* (8 : 34), *Luc* (9 : 23), (14 : 25-27).
131. *Matthieu* (10 : 37), voir aussi *Luc* (14 : 25-27).

préjudiciable à la formation de son esprit. Pour comprendre pourquoi, nous devons examiner ce qui se passe en temps normal.

La formation de l'identité d'un enfant sain, la construction de son moi, passe par l'identification à ses proches, qui sont en général ses parents. Le tout jeune garçon s'identifie à son père, en jouant aux voitures. La petite fille joue à la poupée, par identification à la mère. En intégrant dans son esprit ces figures d'adultes, l'enfant assimile une sorte de deuxième moi, tout à fait normal, que Freud appelle le « surmoi ». Le surmoi est simplement un représentant mental des parents, à l'intérieur même de l'esprit du jeune enfant. Celui-ci dialogue avec lui-même, se disant ce qu'il doit faire. C'est une conversation entre son moi et son surmoi.

Cette première formation du surmoi, par identification aux « grands » ayant autorité, constitue le creuset dans lequel se couleront plus tard les règles orchestrant les relations entre les hommes – les lois morales autant que juridiques. En d'autres termes, cette première formation est à l'origine d'un surmoi ayant intégré toutes ces lois, et qui est tout simplement la conscience morale. C'est une sorte de voix intérieure, qui se manifeste à chaque fois qu'un choix est à réaliser, au sujet de la bonne marche à suivre.

Des croyants, comme Rousseau ou Kant, ont attribué cette voix intérieure à Dieu. Rousseau parle de cette conscience comme d'un instinct divin, et Kant le nomme « impératif catégorique », c'est-à-dire ordre inconditionnel[132]. Freud, lui, a déterminé l'origine psychologique de cette voix. Elle vient de l'identification des enfants aux « grands », en général les parents.

Chez le sujet normal, le surmoi et le moi s'opposent. Le surmoi ne cesse de brandir des lois et des interdits chaque fois que le moi envisage de réaliser un désir, issu du ça. Son action est très

---

132. Voir Rousseau (Jean-Jacques), *Émile ou De l'éducation*, chapitre IV, et Kant (Emmanuel), *Critique de la raison pratique*.

efficace. Il travaille aussi directement contre le ça, en réprimant les désirs asociaux, afin qu'ils ne puissent même pas remonter à la conscience du moi. Pour y parvenir, le surmoi emprunte sa force aux pulsions agressives, qu'il retourne contre le moi, sous forme de sentiment de culpabilité.

Or les premiers désirs du jeune enfant se dirigent naturellement vers ses proches, à commencer par ses parents. C'est le fameux complexe d'Œdipe. Le jeune garçon voudrait conquérir la mère pour lui seul, et voit dans son père un rival. Ce premier désir rencontre aussitôt l'hostilité du père, voire de la société en général, qui oppose un interdit à sa réalisation. C'est l'interdit social de l'inceste, à la base du complexe d'Œdipe. Cet interdit oblige le petit garçon à s'intéresser à d'autres personnes ou objets. Ce frein constitue le premier pas nécessaire à la sublimation, pour détourner positivement les pulsions basiques vers des intérêts socialement valorisés.

À présent que certains mécanismes importants du développement normal ont été rappelés, nous pouvons revenir au psychotique, pour mieux comprendre ses déviances fondamentales. Le jeune autiste rate la première marche de son entrée dans la société. Le tout premier contact avec la société passe par les parents, ou le premier entourage adulte de l'enfant. Or le petit psychotique s'en désintéresse, pour concentrer son attention sur lui-même. Ce faisant, il ne s'identifie guère à ses parents, et par voie de conséquence ne forme pas un solide surmoi qui viendrait s'opposer à son moi surgonflé. Une deuxième marche est ratée : ne dirigeant que peu de désirs vers son entourage, le petit psychotique désire peu sa mère, principe du complexe d'Œdipe. Il n'a pas non plus à affronter l'interdit du père, ou de la société en général contre l'inceste. Le jeune psychotique ne se heurte pas à l'opposition d'une loi contraignante, qu'il devrait intégrer dans son surmoi pour le renforcer. Ce surmoi faible et non contraignant ne capte pas assez les pulsions agressives pour les retourner contre le moi. Le psychotique ne connaîtra guère la mauvaise conscience.

Voici la première caractéristique du psychotique : une absence d'opposition entre moi et surmoi. Au point que, n'aimant que lui-même, le psychotique ne peut s'intéresser qu'aux êtres qui lui ressemblent le plus. Un très curieux renversement se produit, fondamental dans la psychose. Le complexe d'Œdipe s'inverse. Le petit garçon ne hait pas son père comme rival, mais l'aime comme être identique à lui-même. Non seulement il n'existera pas d'opposition entre moi et surmoi chez le psychotique adulte, mais l'amour les unira. Le complexe d'Œdipe est alors inversé. Le surmoi du psychotique, au lieu de critiquer agressivement le moi, agira en mode contraire : il se montrera encourageant autant qu'aimant. Dès lors, où va se diriger l'agressivité naturelle du psychotique ? Elle ne peut que se tourner vers l'extérieur, ce qui renforce le rejet de la réalité extérieure, des parents, de la société, et en particulier de leurs lois. Le psychotique rejette les lois externes.

La figure du psychotique adulte commence à se dessiner : un être qui s'aime lui-même, dont le surmoi encourage le moi, et qui n'a pas intériorisé les lois sociales. Ce surmoi travaille en mode inverse : au lieu de recevoir les règles de la société et de les faire respecter par le moi contre le ça, il les rejette et les remplace par des lois personnelles, issues des pulsions inconscientes. Puis il encourage le moi à les réaliser !

L'agressivité se tourne vers l'extérieur. Les reproches aux autres sont préférés à la condamnation de soi-même. Un homme normal apprend à contenir son agressivité pour exprimer de la bienveillance envers son entourage. Au contraire, le psychotique peut exprimer pour son entourage de l'agressivité.

C'est le cas s'il s'ajoute à cette psychose informelle la haute dose d'agressivité du caractère anal. Cette configuration très rare engendre un cocktail détonant. Deux éléments se superposent à la schizophrénie : d'une part une organisation entêtée ; d'autre part beaucoup d'agressivité, dirigée vers le monde cette fois. Cette rencontre engendre le « délire systématisé », l'autre nom de la paranoïa, dans laquelle l'agressivité prédomine (avec le sentiment de supériorité, la tyrannie, etc.).

Nous devons encore détailler le processus de formation d'un délire, puis étudier la façon dont il est systématisé, c'est-à-dire logiquement développé et défendu avec obstination contre tous les démentis de la réalité.

Le délire est une idée fausse qui résulte d'une projection, c'est-à-dire d'une attribution à la réalité d'un élément inconscient. L'érotomanie est un exemple de délire, dans lequel le sujet projette l'amour de soi-même. Elle consiste à se croire aimé par quelqu'un. Le « moi aime moi » inconscient peut devenir, dans la conscience du délirant, « cette femme m'aime », par exemple. Autrement dit, l'amour que le paranoïaque se porte à lui-même est projeté sur quelqu'un d'autre.

La projection constitue un mécanisme psychologique très important, en particulier pour expliquer la paranoïa. Dans la vie quotidienne, il arrive très souvent d'attribuer à autrui ce qui ne vaut que pour soi.

Parfois, la projection tombe juste : elle permet alors de percevoir directement l'inconscient d'autrui. Une personne qui se croit persécutée par quelqu'un peut tomber par hasard sur quelqu'un de réellement agressif, même si cette agressivité reste inconsciente. Dans ce cas, la projection permet de percevoir une autre réalité, celle de l'inconscient d'autrui.

La projection elle-même vient du phénomène psychotique de base, selon lequel le sujet ne voit plus que le reflet de son inconscient par la fenêtre de la réalité.

Une fois son délire mis en place, le paranoïaque défend contre tous les démentis ce qu'il juge vrai, avec l'entêtement du caractère anal. Il systématise son délire. Dans le cas de l'érotomanie, si la personne censément amoureuse nie l'être, le paranoïaque échafaude des explications sans fin. Il explique qu'elle n'ose déclarer son amour par pudeur, ou bien qu'elle fait preuve de mauvaise foi, ou bien qu'elle n'en a pas encore conscience, etc. Le paranoïaque peut alors devenir dangereux. Son agressivité ne supporte guère cette malhonnêteté supposée de son entourage, qui refuse ce que le paranoïaque tient pour vrai.

Après ce détour par les connaissances en psychologie, vient le moment de l'application au cas Jésus.

Au vu d'une lecture clinique des Évangiles, Jésus semblait particulièrement agressif, comme l'ont révélé ses incitations guerrières, ses ordres, ses interdictions, son jeu tyrannique de menaces et de promesses, ses insultes, sa violence colérique, ses désirs de vengeance, ses querelles, ses provocations, son incitation à la dénonciation, sa haute opinion de lui-même, sa prétention à la divinité et sa froideur affective.

L'agressivité ne nécessite pas d'explication. Elle relève d'une pulsion basique, irréductible, et d'ailleurs commune à tous les animaux. Ce qui importe le plus au psychologue, c'est son devenir. Certes, tous les hommes sont agressifs, au moins inconsciemment. Pourtant, différentes solutions se présentent pour canaliser cette agressivité, ce qui détermine autant de personnalités différentes.

L'idéal consiste à sublimer son agressivité. Celle-ci peut alors s'exprimer sainement, par exemple dans l'émulation compétitive en recherche scientifique, où chaque concurrent essaye de se surpasser pour atteindre le meilleur niveau de connaissance.

Une partie de l'agressivité du sujet gagne à revenir sur lui-même, afin que son surmoi réprime de l'intérieur les pulsions asociales de l'inconscient. C'est la condition de leur sublimation. Ne pas sublimer mène à l'expression brutale de l'agressivité, dans la violence et la destruction en particulier. Jésus semblait ne pas avoir renoncé à ces voies d'écoulement archaïques.

Souvent, les rituels sociaux, notamment de politesse, permettent de réguler l'agressivité. Or, le trop-plein de fiel de Jésus le poussait à nier les règles de courtoisie, et même à chercher à imposer d'autres rituels.

Enfin, une autre voie reste ouverte, qui est la projection. Sachant qu'en général, elle consiste à attribuer à la réalité extérieure une propriété du sujet lui-même, une hallucination est simplement une projection sensorielle sur un objet concret, au lieu d'être la projection d'une idée ou d'un sentiment sur autrui. Jésus était coutumier des projections sensorielles. Mais il projetait également ses propres traits de personnalité. Faisant lui-même preuve d'un immense charisme, il se méfiait d'une telle caractéristique chez d'autres :

« Prenez garde que personne ne vous séduise. Car plusieurs viendront sous mon nom, disant : C'est moi. Et ils séduiront beaucoup de gens. »[133]

D'une façon similaire, la vanité de Jésus a été mise en évidence. Il conseillait notamment de faire des calculs pour être en vue dans les assemblées[134]. Il soupçonnait pourtant les autres d'être vaniteux :

---

133. *Marc* (13 : 5-6), voir aussi *Matthieu* (24 : 4), (24 : 11).
134. *Luc* (14 : 8-11).

« Gardez-vous des scribes, qui aiment à se promener en robes longues, et à être salués dans les places publiques ; qui recherchent les premiers sièges dans les synagogues, et les premières places dans les festins ; qui dévorent les maisons des veuves, et qui font pour l'apparence de longues prières. Ils seront jugés plus sévèrement. »[135]

Jésus faisait des projections qui revenaient beaucoup plus souvent que d'autres – à commencer par celle qui se situe au cœur de son délire de persécution.

Celui-ci consiste dans la projection de l'agressivité, qui est attribuée aux autres. Telle est l'origine du délire de persécution. Ce mécanisme permet au persécuté de soi-disant justifier l'expression directe de sa propre haine.

Développons quelque peu la question de ce délire particulier, qui constitue l'un des trois principaux délires paranoïaques de Jésus.

Comme nous l'avons déjà signalé, le lecteur du Nouveau Testament ne manquera pas de faire remarquer que Jésus a vraiment été persécuté, haï, trahi et finalement condamné à mort. Il en déduira que Jésus n'était pas paranoïaque. En outre, le croyant affirmera que Jésus a anticipé ses persécutions réelles, ce qui indiquerait un don visionnaire, prouvant sa divinité :

« Jésus prit les douze auprès de lui, et leur dit : Voici, nous montons à Jérusalem, et tout ce qui a été écrit par les prophètes au sujet du Fils de l'homme s'accomplira. Car il sera livré aux païens ; on se moquera de lui, on l'outragera, on crachera sur lui, et, après l'avoir battu de verges, on le fera mourir [...] »[136]

C'est là un beau système, parfaitement cohérent de prime abord.

---

135. *Marc* (38-40), voir aussi *Matthieu* (23 : 5, 14).
136. *Luc* (18 : 31-33), voir aussi *Marc* (9 : 31), (10 : 32-34), *Luc* (9 : 22).

Pour l'athée, au contraire, un mystère apparaît : comment Jésus a-t-il pu anticiper ses persécutions réelles ? Pour répondre à cette question, nous aimerions disposer d'une piste. L'édifice des Évangiles comporte sans doute une faille secrète.

Or un fil dépasse bien. Nous devons nous en saisir, le tirer et le suivre parmi les dédales des actes de Jésus et de leur récit postérieur par des croyants exaltés.

Voici cette fissure, sous la forme d'une étonnante contradiction.

Si Jésus avait vraiment prédit son destin avec précision, s'il avait su à l'avance qu'il serait persécuté, trahi, condamné à la crucifixion, puis enfin ressuscité, ne se serait-il pas soumis à ce destin avec tranquillité ? Il se serait résigné avec calme et sagesse à la fatalité, sachant d'avance le chemin qui allait le reconduire auprès de son prétendu père. Or une grave contradiction surgit dans les textes, qui stipulent clairement que Jésus tentait d'échapper à son sort.

D'un côté se trouve :

« Jésus, sachant tout ce qui devait lui arriver [...] »[137]

Mais d'un autre côté :

« [...] Jésus parcourait la Galilée, car il ne voulait pas séjourner en Judée, parce que les Juifs cherchaient à le faire mourir. »[138]

Pourquoi Jésus a-t-il tenté d'échapper à ses bourreaux alors qu'il était censé connaître à l'avance sa fin prochaine, inéluctable ?

La contradiction réside entre « connaissance précise d'un avenir écrit » et « fuite éhontée devant cet avenir connu ». Changer un terme à cette contradiction, un seul, suffit pour la résoudre et ouvrir la piste du mystère des prédictions de Jésus. C'est le terme *précis*. En réalité, Jésus n'avait pas une connaissance précise de son

---

137. *Jean* (18 : 4), voir aussi *Matthieu* (26 : 21), *Marc* (9 : 12), *Luc* (9 : 44), *Jean* (6 : 64), (6 : 70-71).
138. *Jean* (7 : 1), voir aussi *Matthieu* (12 : 14-15), (2 : 22), *Jean* (11 : 53-54).

avenir. Il en avait une connaissance vague, intuitive, en fait un simple pressentiment, qui n'avait rien de surnaturel – mais tout de maladif. Dans ce contexte, deux questions se posent : pourquoi les évangélistes ont-ils écrit que Jésus connaissait précisément son avenir ? Et comment Jésus pouvait-il avoir une connaissance quelconque de son avenir ?

Pour répondre à cette seconde question, nous devons d'abord nous en poser une autre : pourquoi Jésus a-t-il été réellement persécuté ?

L'étude de ses symptômes ne laisse pas de doutes sur ce point. Les persécutions endurées par Jésus sont la conséquence directe de sa propre agressivité. Chronologiquement parlant, Jésus a été le premier à harceler les autres, avec ses remontrances, ses ordres, ses menaces, son mépris pour les us religieux et les règles de convenance, sa prétention à détenir seul la vérité, son arrogance, sa conviction d'être l'élu, ses provocations, ses violences, etc.

Voici une occurrence parmi d'autres où l'agressivité de Jésus engendre la violence des autres : « [Après avoir inventé une parabole où un maître de vignes va tuer des vignerons qui ont massacré son fils et ses serviteurs] Celui qui tombera sur cette pierre s'y brisera, et celui sur qui elle tombera sera écrasé [la pierre rejetée par ceux qui bâtissaient et qui est devenue la principale du royaume de Dieu, promu par Jésus]. Après avoir entendu ses paraboles, les principaux sacrificateurs et les pharisiens comprirent que c'était d'eux que Jésus parlait, et ils cherchèrent à se saisir de lui ; mais ils craignaient la foule, parce qu'elle le tenait pour un prophète. »[139]

Si Jésus avait été le fils de Dieu, il aurait logiquement tenté d'imposer de nouvelles lois religieuses, fût-ce avec agressivité. Sans Dieu, cette agressivité ne se justifie plus. Et dans les deux

---

139. *Matthieu* (21 : 44-46), voir aussi *Matthieu* (26 : 65-67).

cas, c'est cette agressivité qui a clairement déclenché le harcèlement contre Jésus.

La question de la cause réelle de ces persécutions a été examinée. Se pose maintenant celle de son anticipation, certes vague mais bien réelle, par Jésus.

Plusieurs réponses existent, toutes complémentaires.

D'abord, en tant que psychotique, Jésus a projeté sur son entourage sa propre agressivité, ce qui lui a permis de s'en plaindre bien avant d'être réellement opprimé. Grâce à son sentiment de persécution, Jésus a vraiment anticipé ses ennuis à venir, mais pas de façon précise, comme l'ont affirmé les évangélistes. Il n'a fait que les subodorer intuitivement, confusément.

Ensuite, nous avons vu que la projection tombe parfois juste, lorsqu'elle permet de percevoir certains contenus dans l'inconscient des autres. Un délire est faux par référence à la réalité, quoique parfois vrai relativement à l'inconscient d'autrui. Les persécuteurs de Jésus ont réellement nourri de l'agressivité, d'abord inconsciente, puis consciente et active. Celui-ci a pu la sentir avant qu'elle ne s'exprime. Sa projection permet de percevoir l'inconscient des autres avant qu'il ne devienne conscient et plus encore effectif. Un paranoïaque est toujours très sensible à l'agressivité qui n'existe encore que dans l'inconscient des autres, à force de les observer avec méfiance. De cette manière, Jésus a pu anticiper ses persécutions à venir, quoique de façon vague et intuitive.

Enfin, un effet statistique intervient, un effet de perspective qui fait paraître après coup comme remarquable le fait qu'un paranoïaque, nourrissant la crainte d'être persécuté, finisse par le devenir effectivement. Prenons le cas de la loterie. Cent pour cent des gagnants d'une loterie ont commencé par jouer. De même, cent pour cent des rares paranoïaques qui ont été réellement persécutés ont d'abord développé un délire de persécution. C'est inévitable. Cette crainte peut toujours passer pour une prémonition divine, à condition de se concentrer sur son cas unique. Affirmer que le gagnant à la loterie a fait preuve d'une intuition géniale serait tout aussi erroné. Cette occurrence très ponctuelle met de côté celles, très majoritaires, des prédictions fausses. L'écrasante majorité de ceux qui ont joué à la loterie ont perdu. Statistiquement, parmi ceux qui ont joué, comme pour ceux qui se plaignaient à l'avance de persécutions, un gagnant survient parfois. Jésus a remporté le gros lot parce qu'il nourrissait plus d'agressivité que les autres « persécutés ».

Pourquoi les évangélistes ont-ils précisé les anticipations vagues quoique réelles de Jésus, après leur réalisation ?

Premièrement, un phénomène de déformation rétrospective entre en jeu. Les paroles sont transformées en leur ajoutant des données plus précises, obtenues après les faits qui ont réellement eu lieu.

Deuxièmement, les évangélistes avaient intérêt à déformer les allégations de Jésus. Aveuglés par leur admiration, ils se sont appuyés sur ses craintes de paranoïaque, pour les changer en prédictions rigoureuses. Pourtant, ce travail de réécriture fut approximatif. Ils ont oublié d'effacer les preuves de leur falsification : Jésus avait tenté d'échapper à son sort.

Qu'en conclure ? Une fois l'événement passé, les évangélistes ont beau jeu de réinterpréter les vagues pressentiments d'un paranoïaque. Celui-ci a nécessairement craint d'être persécuté et trahi, il le sentait confusément, ne serait-ce qu'à titre de conséquence de ses agressions permanentes. Une fois qu'il a vraiment été persécuté et trahi, les évangélistes ont prêté à Jésus des paroles beaucoup plus précises qu'il n'en a réellement proféré. Leur intérêt consistait à vanter les mérites de leur idole.

Ils lui ont par la suite accordé des dons visionnaires, avec ce genre de phrase :

« Je vous le dis en vérité, l'un de vous me livrera. »[140]

Une deuxième erreur des évangélistes apparaît. Non seulement ils ont laissé une contradiction derrière leur forfait, mais ils ont également trahi leur maître à leur insu. C'est justement parce qu'ils écrivent sans cesse que Jésus savait qu'il encourrait des brimades bien avant de les subir réellement, que le lecteur moderne peut établir l'existence de son délire de persécution. Cette supposée anticipation divinatoire consistait à se dire maltraité bien avant de le devenir, autrement dit à se croire persécuté lorsqu'il ne l'était pas. Les évangélistes, en croyant louer sa clairvoyance, ont trahi leur maître. Ce mécanisme vaut pour tous les symptômes pathologiques dont ils n'avaient pas la connaissance, et qu'ils ont décrits la plupart du temps comme des dons surnaturels. Ils ne pouvaient cacher tous ces indices, incapables de prédire les progrès de la psychologie du XXe siècle.

Les autres symptômes liés à ce délire de persécution deviennent transparents. La méfiance, la dissimulation et le secret constituent autant de conséquences directes de cette conviction maladive d'être persécuté.

Le sentiment d'injustice et le sentiment d'être incompris sont intéressants. Ils dénotent le décalage manifeste entre la personnalité de Jésus, dont le fonctionnement est anormal, et la saine personnalité de ses contemporains sceptiques. Jésus ne risquait certes pas d'être compris, puisqu'il exprimait tout haut les productions directes de son inconscient, tandis que les hommes normaux tâchent de réprimer leur ça pour s'adapter aux lois sociales. Ils réalisent l'effort d'intégrer les règles de communication basiques, autrement dit les conventions sociales sur le

---

140. *Matthieu* (26 : 21), voir aussi *Luc* (9 : 44), *Jean* (6 : 70-71).

langage, qui permettent de se comprendre. Jésus rêvait éveillé, et ses rêves étaient incompréhensibles.

Le délire d'observation développé par Jésus s'explique grâce au mécanisme de projection. D'où vient en effet cette curieuse idée selon laquelle Dieu verrait tout ? Les paranoïaques aiment à s'observer eux-mêmes. C'est une conséquence directe du rapport entre leur surmoi et leur moi, qui fonctionne en mode inversé, c'est-à-dire positif. Se regarder soi-même leur procure du plaisir, du fait qu'ils se flattent au lieu de se critiquer. De plus, le surmoi se situe entre le moi et le ça. Il communique avec l'un et l'autre. Il plonge ses racines dans le ça, y possédant un accès privilégié. Il y voit « tout ». Jésus attribuait à Dieu et au monde ce qui valait uniquement pour le fonctionnement de son inconscient. Dieu verrait tout, de la même façon que le surmoi perçoit tout à l'intérieur de l'esprit, à savoir le ça et le moi. Pour le dire autrement, Jésus s'observait lui-même en permanence avec plaisir, et il supposait par transposition que Dieu scrute également tout.

La lucidité représente une autre caractéristique très proche de ce délire d'observation. Cette capacité à se voir soi-même avec réalisme est issue de trois mécanismes distincts : d'abord, rappelons que le psychotique s'observe lui-même en continu ; ensuite, il peut se voir mieux qu'une personne saine, dans la mesure où il ne se critique et ne se censure pas lui-même ; enfin, précisément, le psychotique n'a pas intégré les lois sociales extérieures, dont la morale. Aussi n'a-t-il aucune honte à voir en lui-même des pulsions pourtant condamnées par la société. Bref, le paranoïaque ne s'embarrasse pas de conventions pour appeler un chat un chat, quand bien même il contreviendrait aux bienséances de son milieu. Inversement, cette lucidité peut porter sur les autres, d'autant mieux que sa tendance aux projections lui permet parfois de percevoir directement leur inconscient. Tel était le supposé don d'observation de Jésus, motivé au départ par la méfiance et le sentiment de persécution.

L'hypersthénie de Jésus, en d'autres termes l'immense énergie qu'il déployait pour sa cause, s'explique aussi par l'absence d'opposition entre son moi et son surmoi, typique de la psychose. Tout homme normal, avant d'agir, se trouve au moins réfréné par des doutes, des précautions, des autocritiques, des scrupules, la peur de mal faire, la crainte du regard des autres, le souci du respect des règles sociales, etc. C'est l'action normale du surmoi, qui surveille et censure les débordements éventuels des pulsions issues du ça. Au contraire, le surmoi de Jésus l'encourageait. Son agressivité ne se retournait jamais contre lui-même, mais toujours vers les éventuels obstacles extérieurs, ce qui rendait son action plus efficace encore. Ce trait de personnalité permet en plus d'apporter un premier élément pour expliquer l'une des conditions du succès de Jésus. Convaincre la foule de l'intérêt de ses idées nécessite une immense énergie, *a fortiori* quand elles sont aussi délirantes.

De cette hypersthénie, ajoutée au caractère anal, découle la possibilité d'acquérir une intelligence supérieure à la moyenne. Les études requièrent une bonne dose de volonté, et Jésus a sans doute étudié avec efficacité. Ensuite, avoir l'esprit clair constitue un bénéfice imputable, en bonne partie, à l'exigence d'ordre, issue du caractère anal. En complétant avec une bonne faculté de sublimation, voici Jésus capable de parler d'idées abstraites avec une certaine aisance. Toutefois, ces mécanismes ne suffisent pas à expliquer sa capacité à créer de nouvelles idées, et surtout des idées susceptibles de fasciner le plus grand nombre.

Jésus souhaitait que tous l'aiment et que tous lui obéissent. Ce faisant, il trahissait une double caractéristique de ses mécanismes inconscients : son amour psychotique pour lui-même, et son caractère anal qui implique de prendre plaisir à maîtriser les hommes et les événements. Or, en y ajoutant le mécanisme de la projection, apparaît la jalousie. Jésus attribuait aux autres un intérêt égocentrique pour eux-mêmes, qui entravait l'amour qu'il souhaitait inconsciemment ramener sur lui. Quand il décelait chez les autres de l'égoïsme, le processus restait le même. Une simple projection de sa personnalité l'amenait à découvrir chez les autres bien des « défauts » qu'il voulait corriger, pour la raison que lui, Jésus, se sentait lésé par ces défauts de ses proches. Il sentait chez les autres un amour de soi-même qui lui faisait perdre son contrôle sur eux. Il exigeait alors l'amour de Dieu par-dessus tout, ce qui revenait à l'aimer, lui Jésus, qui s'identifiait à Dieu. Les détourner de leur ego les ramenait à lui.

Le sentiment de supériorité de Jésus trouvait une double origine dans son agressivité et son ego surgonflé. Celui-ci résultait d'un surmoi positif, d'où cet ascendant sur autrui, cette confiance conquérante.

Quant à l'agressivité de Jésus, elle était telle qu'elle s'exprimait par tous les moyens possibles : elle engendrait les formes réactionnelles du caractère anal, comme le souci d'ordre (tant que cet ordre était sien) ; elle se dirigeait également vers les autres individus, avec ses préceptes tyranniques ; elle se sublimait aussi en partie, pour créer des paraboles agressives… Ces voies d'écoulement ne suffisaient cependant pas à la canaliser. Elle explosait parfois directement, avec des insultes, des provocations et des violences. Ce sentiment de supériorité s'exprimait à travers les traits de personnalité d'un Jésus prétentieux, susceptible, rancunier, vaniteux, extrêmement exigeant envers les autres, enclin à faire la tête, facile à flatter… Ce n'est pas l'image commune de Jésus. Mais l'étude psychologique de son cas permet de se rapprocher singulièrement du personnage réel.

Sa confiance en lui, quant à elle, découlait d'un ego surgonflé et d'un complexe d'Œdipe inversé. Il rejetait l'avis d'autrui et se confortait dans ses propres certitudes au moyen d'un surmoi inversé. La certitude d'avoir raison, entrevue avec le caractère anal, trouve ici aussi un complément d'explication.

Le paranoïaque va chercher des « vérités » dans son propre inconscient, sans le barrage du surmoi. Il y puise directement des convictions aveuglantes, que l'opinion générale ne parvient pas à rectifier. Il en tire des convictions profondes qui, bien qu'en décalage criant avec la vérité communément admise, n'en sont pas moins défendues avec l'obstination et le « systématisme » propres au caractère anal. Comme l'hypersthénie, ces traits de caractère contribuent à nous faire comprendre comment Jésus a pu imposer ses idées bizarres à la foule. Il ne doutait pas de lui-même et n'hésitait jamais. Il produisait une forte impression sur ses auditeurs, qui n'avaient certes pas autant de confiance en leur propre vision de la vérité.

Son esprit calculateur découlait tout aussi directement de son caractère anal. Il a également contribué à son succès, en rendant plus efficace son action sur son entourage.

Jésus présentait une autre caractéristique intéressante, qui permet de comprendre son rapport ambigu aux foules. Chez les personnes bien portantes, les deux pulsions principales, de vie et de mort (amour et haine), sont scindées en deux. La société apprend au sujet à diriger ses pulsions positives vers autrui, et à sublimer les négatives (ou à les retourner en partie sur soi-même pour renforcer le surmoi). Or Jésus ne connaissait pas ce conflit interne, entre pulsions destructrices du ça et censure agressive du surmoi. Au contraire, ses deux pulsions se retournaient vers l'extérieur, sans la moindre censure : il aimait ceux qui le suivaient, tout en les gouvernant de façon agressive. Certes, une bonne part de son hostilité se dirigeait vers ceux qui lui faisaient obstacle, ceux qui ne croyaient pas en lui. Il n'en était pas moins tyrannique à l'égard de ceux qui le suivaient, en même temps qu'il les aimait. Ce curieux phénomène paraît contradictoire pour la conscience. Du point de vue de l'inconscient des auditeurs convaincus, ce double mouvement est naturellement ressenti comme une attitude paternelle : Jésus grondait ses disciples tout en les aimant, avec la prétention de les protéger. Ce faisant, il prenait presque involontairement la position du père. Celui-ci se doit d'être à la fois sévère et bienveillant. D'un même geste, Jésus infantilisait les foules.

Concernant les paraboles, un coin du voile se lève, grâce à la compréhension des mécanismes de la paranoïa. Jésus bâtissait ses paraboles par projection du matériel inconscient sur le monde réel. Il commençait par de simples allusions à son inconscient, pour ensuite les structurer et les défendre, à partir de son sens de l'organisation propre au caractère anal. Les paraboles dessinaient un vaste système, un système délirant, qui caractérise la paranoïa.

L'enquête avance. De nombreux traits de Jésus, de sa schizo-phrénie et son caractère anal, ont été clarifiés. Sa paranoïa était issue d'une rencontre des deux. Elle consistait à reconstruire un univers à partir de délires, qui furent ensuite organisés entre eux. Ses délires avaient pour origine des projections de son inconscient sur la réalité. Pour clore cet écheveau de mécanismes, Jésus tâchait d'imposer aux foules, avec vigueur et agressivité, ce monde imaginaire.

Toutefois, de nombreuses questions restent ouvertes.

Les allusions de Jésus à son propre inconscient, mises au jour par projection, ne concernaient que lui. Comment a-t-il pu intéresser d'autres que lui-même avec des allusions à son ça personnel, même construites dans un vaste système logique ? En quoi ses délires personnels fascinaient-ils les foules ? Pourquoi son discours a-t-il eu une portée presque universelle ?

En outre, une nouvelle énigme a surgi entre-temps, dans la mesure où ces symptômes paranoïaques représentaient l'exact contraire des valeurs qu'il défendait. Sa rancune effective contredisait son exigence de pardon. Son agressivité guerrière réfutait l'image pacifiste du sage prônant l'amour. Son esprit calculateur infirmait l'idéal du désintérêt, etc. Comment a-t-il pu apparaître aux croyants, et même aux athées, comme l'exact contraire de ce qu'il était ? Et comment un être aussi agressif a-t-il pu inspirer l'amour des foules ?

# Chapitre IV
# La mégaparanoïa de Jésus

D'après ce que laissent deviner les Évangiles, les paroles de Jésus semblaient empreintes d'idées de grandeur, qui revêtaient des formes diverses.

Pour commencer, une forte ambition habitait très probablement Jésus :

« Et moi, je te dis que tu es Pierre, et que sur ce roc je bâtirai mon Église, et que les portes du séjour des morts ne prévaudront point contre elle. »[141]

Sa réussite, sur cette question précise, ne signifie pas que son avidité était saine. La part de l'ambition de Jésus qui a abouti, ne constituait qu'un résidu de projets infiniment plus vastes, et parfaitement inadaptés. Quand une personne rumine mille projets, l'un d'entre eux peut bien aboutir. C'est l'arbre qui cache la forêt.

Jésus développait sans doute un autre symptôme secondaire, proche de l'ambition. C'était son esprit de compétition :

---

141. *Matthieu* (16 : 18), voir aussi *Marc* (16 : 15).

« Moi, j'ai un témoignage plus grand que celui de Jean [le prophète] [...] »[142]

Ensuite, Jésus paraissait manifester de nombreuses idées de grandeur, qui ne peuvent être identifiées comme telles qu'à condition de rejeter son statut de prophète :

« Il leur dit : Pourquoi me cherchiez-vous ? Ne saviez-vous pas qu'il faut que je m'occupe des affaires de mon Père ? Mais ils ne comprirent pas ce qu'il leur disait. »[143]

Les mégalomanes voient toujours grand, par définition. Ils s'adressent en général directement au cosmos, comme à un interlocuteur avec lequel ils traitent d'égal à égal, voire, dans le cas de Jésus, avec un sentiment de supériorité :

« Vous aurez des tribulations dans le monde ; mais prenez courage, j'ai vaincu le monde. »[144]

Le passage suivant atteint un tel degré de délire dans la grandeur, qu'il est probablement à mettre sur le compte de quelque évangéliste enflammé. Ce dernier respecte pourtant l'état d'esprit de son maître :

« Aussitôt après ces jours de détresse, le soleil s'obscurcira, la lune ne donnera plus sa lumière, les étoiles tomberont du ciel, et les puissances des cieux seront ébranlées. Alors le signe du Fils de l'homme paraîtra dans le ciel, toutes les tribus de la terre se lamenteront, et elles verront le Fils de l'homme venant sur les nuées du ciel avec puissance et une grande gloire. Il enverra ses anges avec la trompette retentissante, et ils rassembleront ses élus des quatre vents, d'une extrémité des cieux à l'autre. »[145]

---

142. *Jean* (5 : 36).
143. *Luc* (2 : 49-50).
144 *Jean* (16 : 33).
145. *Matthieu* (24 : 29-31), voir aussi *Matthieu* (12 : 6), (26 : 13), (26 : 53), (28 : 18-20), *Marc* (13 : 10), (16 : 15), *Luc* (21 : 25-27), *Jean* (9 : 5).

Enfin, même à titre métaphorique, une belle pointe de mégalomanie perce distinctement dans le célèbre passage suivant :

« Je suis la lumière du monde ; celui qui me suit ne marchera pas dans les ténèbres, mais il aura la lumière de la vie. »[146]

Le rapport mégalomaniaque de Jésus à la réalité était teinté d'une coloration particulière. À en croire les Évangiles, Jésus s'était mis en tête que le monde était perdu, du moins qu'il serait perdu sans son indispensable intervention, in extremis. Cette idée n'a rien de surprenant dans les couloirs des hôpitaux psychiatriques. Un mystère n'en demeure pas moins quant à l'origine de telles pensées délirantes, surtout quand elles emportent par surcroît l'adhésion des crédules :

« [Un grand nombre de Samaritains veulent bien croire Jésus] nous savons qu'il est vraiment le Sauveur du monde. »[147]

Un autre délire classique, parmi les nombreuses déclinaisons possibles de la mégalomanie, réside dans la conviction d'être immortel. Quand bien même la croyance en une vie après la mort aurait été monnaie courante à son époque, Jésus aurait bizarrement surenchéri avec une existence avant la naissance ! Plus qu'une réincarnation, il envisageait une sorte d'éternité divine, une « immortalité prénatale ».

« Jésus leur dit : En vérité, en vérité, je vous le dis, avant qu'Abraham fût, je suis. »[148]

Et si beaucoup de gens croyaient en une âme immortelle, en revanche rares étaient ceux qui se prenaient pour des prophètes, des messies, ou *a fortiori* des fils de Dieu. De plus, la tendance à tout rapporter à soi, mise au jour avec la schizophrénie, se

---

146. *Jean* (8 : 12).
147. *Jean* (4 : 42), voir aussi *Matthieu* (18 : 11), (20 : 28), *Jean* (15 : 5).
148. *Jean* (8 : 58), voir aussi *Matthieu* (19 : 29), (26 : 32).

retrouve ici, dans la mesure où Jésus pensait que les prédictions de la Bible le désignaient personnellement.

« [Parlant de lui-même en haranguant la foule qui était allée le voir dans le désert] Qu'êtes-vous donc allés voir ? Un prophète ? Oui, vous dis-je, et plus qu'un prophète. C'est celui dont il est écrit :

Voici, j'envoie mon messager devant ta face,

Pour préparer ton chemin devant toi. »[149]

Cette intime conviction d'être un prophète semblait suivie d'une conséquence logique, qui est classique chez tous les paranoïaques persuadés d'être à l'origine d'une invention géniale. C'est le délire de plagiat, autrement dit la conviction délirante d'être imité. Déjà Jésus craignait que d'autres ne séduisent les foules. Ici la même suspicion s'élève d'un cran :

« Si quelqu'un vous dit alors : Le Christ est ici, ou : Il est là, ne le croyez pas. Car il s'élèvera de faux christs et de faux prophètes. »[150]

Nous parvenons maintenant à l'un des délires les plus importants de Jésus. Son délire messianique était toujours accompagné du « délire de filiation », relaté dans maints passages des Évangiles. Se croire le fils de Dieu constituait une singularité très intéressante et fondamentale chez Jésus. « […] je ne suis pas seul ; mais le Père qui m'a envoyé est avec moi. »[151]

Ce délire de filiation était particulièrement complexe, élaboré, ou pour le dire en termes psychiatriques, « systématisé ».

Du point de vue d'un athée moderne, les affirmations de Jésus, sur son ascendance divine, apparaissent simplement pour ce qu'elles sont : fausses. S'accrocher à une idée erronée sur une

---

149. *Luc* (7 : 26-27), voir aussi *Matthieu* (2 : 5-6), (11 : 3-5), (26 : 54-56), *Luc* (4 : 43).
150. *Matthieu* (24 : 23-24), voir aussi *Matthieu* (24 : 5), *Marc* (13 : 21-22), *Luc* (21 : 8).
151. *Jean* (8 : 16).

longue période, malgré tous les démentis, correspond exactement à ce que les psychiatres appellent un « délire ». Dans l'enfance, la plupart des hommes ont douté, à un moment ou un autre, d'avoir pour géniteurs leurs parents officiels. Or, cette pensée infantile a largement perduré durant la vie de Jésus.

Pourquoi ce dernier n'a-t-il jamais cessé de se prétendre « fils de Dieu » ? Quand bien même il s'agirait d'une métaphore, comme l'affirment certains athées actuels qui voient en Jésus un sage, la question demeure : métaphore de quoi ? La question est d'autant plus pressante que ce délire de filiation se situait au cœur de toutes les conceptions de Jésus. Cette conviction centrale avait pris plusieurs formes différentes, voire contradictoires, dans ses propos.

D'abord, évidemment, Jésus affirmait sa parenté divine :

« Le souverain sacrificateur l'interrogea de nouveau, et lui dit : Es-tu le Christ, le Fils du Dieu béni ? Jésus répondit : Je le suis. Et vous verrez le Fils de l'homme assis à la droite de la puissance de Dieu, et venant sur les nuées du ciel. »[152]

Parfois, ce délire allait plus loin, jusqu'à la fusion identitaire avec Dieu :

« Celui qui m'a vu a vu le Père ; comment dis-tu : Montre-nous le Père ? Ne crois-tu pas que je suis dans le Père, et que le Père est en moi ? Les paroles que je vous dis, je ne les dis pas de moi-même ; et le Père qui demeure en moi, c'est lui qui fait les œuvres. Croyez-moi je suis dans le Père, et le Père est en moi ; sinon croyez du moins à cause de ces œuvres. »[153]

Mais un autre délire de filiation apparaît très nettement, quand Jésus se déclarait « Fils de l'homme », à soixante-dix-huit

---

152. *Marc* (14 : 61-62), voir aussi *Matthieu* (7 : 21), (11 : 27), (16 : 17), *Luc* (10 : 22), (22 : 70), *Jean* (5 : 19-20), (16 : 27).
153. *Jean* (14 : 9-11), voir aussi *Jean* (16 : 15).

reprises dans les Évangiles[154]. Ce n'était certes pas une invention de sa part (Ezéchiel faisait de même). Cette expression était censée désigner l'être humain en général. Que signifie « être un humain en général » ? Ou même, plus simplement, quel besoin pouvait bien pousser Jésus à répéter sans arrêt qu'il appartenait à l'espèce humaine ? C'était une bien curieuse façon de désigner l'homme en général, ce qui mérite une petite enquête. Et une contradiction supplémentaire apparaît avec la filiation divine : fils de Dieu, ou de l'homme en général ? Sans parler de la question classique : que signifie de se considérer comme humain et divin en même temps ? En termes religieux : était-il humain ou divin ? Ce vieux débat sur la double nature, remontant au moins au premier schisme de l'Église avec Nestorius, requiert un nouveau regard, psychologique celui-là.

Enfin, d'autres délires de filiation sont apparus au sujet de Jésus, bien qu'ils aient été très certainement ajoutés après coup par des commentateurs peu scrupuleux. Peu scrupuleux, certes ; il n'empêche qu'en inventant d'autres filiations fantaisistes à Jésus, ils respectaient au moins l'esprit de leur idole, quant à la question d'une simple parenté bien humaine, trop humaine.

Ces délires tardifs consistaient en généalogies ridicules le faisant remonter de génération en génération à Abraham[155] ou même Dieu[156]. Une autre idée, pour le moins originale, a obtenu une large postérité : la mère de Jésus serait restée vierge[157]. Ce délire a le mérite d'être la conséquence logique des affirmations de Jésus lui-même, en résolvant sa contradiction d'une filiation simultanément humaine et divine…

---

154. Voir notamment *Matthieu* (8 : 20), (24 : 30), *Marc* (14 : 62), *Jean* (5 : 27).
155. *Matthieu* (1 : 1-17).
156. *Luc* (3 : 24-38).
157. *Matthieu* (1 : 18), (1 : 25).

En guise de conclusion sur ces délires de filiation, notons le bon sens révélateur de certains contemporains de Jésus : « Les Juifs murmuraient à son sujet, parce qu'il avait dit : Je suis le pain qui est descendu du ciel. Et ils disaient : N'est-ce pas là Jésus, le fils de Joseph, celui dont nous connaissons le père et la mère ? Comment donc dit-il : Je suis descendu du ciel ? »[158]

Comment Jésus est-il parvenu à convaincre les foules de son ascendance divine, quand bien même elles auraient pu par ailleurs croire en Dieu et dans les prophètes ? Le mystère reste entier. *A contrario*, ses images de « pain du ciel » et de « filiation divine » ont le mérite de frapper les esprits, comme l'indique le passage cité ci-dessus...

À l'époque, la nouveauté des délires de Jésus surprenait. Aujourd'hui, nous y sommes si habitués qu'il est difficile de les voir tels qu'ils sont.

Friedrich Nietzsche a consacré une bonne partie de sa vie à faire la chasse aux conséquences inaperçues du christianisme. Il nous ouvre les yeux sur les mots suivants :

« Dans le christianisme, ni la morale, ni la religion n'a aucun point de contact avec la réalité. Il n'y a là que des *causes* imaginaires ("Dieu", "âme", "moi", "libre arbitre", – ou même "serf arbitre") ; que des *effets* imaginaires ("péché", "rédemption", "grâce", "expiation", "rémission des péchés") ; qu'un commerce entre des *êtres* imaginaires ("Dieu", "esprits", "âmes") ; qu'une science imaginaire de la *nature* (anthropocentrique ; absence totale de la notion de cause naturelle) ; qu'une *psychologie* imaginaire faite d'une totale mécompréhension de soi-même, d'interprétations hasardeuses des sensations agréables et désagréables, par exemple des états du *nervus sympathicus*, à l'aide du langage symbolique propre à l'idiosyncrasie religieuse et morale

---

158. *Jean* (6 : 41-42).

("contrition", "remords de conscience", "tentation du Malin", "proximité de Dieu") ; une *téléologie* imaginaire (le "royaume de Dieu", le "jugement dernier", la "vie éternelle"). Ce monde de pure *fiction* se distingue – tout à son désavantage – du monde du rêve, par le fait que ce dernier *reflète* la réalité, tandis que le premier falsifie, dévalorise et nie la réalité. »[159]

La folie des grandeurs et le délire de filiation, propres à Jésus, s'accompagnaient de projections très particulières, que les Évangiles ont consignées à leur insu. Elles consistent dans la création d'êtres imaginaires, qui sont attribués à la réalité, pour l'expliquer ou l'interpréter. Jésus inventait des mythes, en introduisant insidieusement une quantité d'entités imaginaires. Le mystère réside dans leur origine. Dans le cas de Jésus, comment est-il parvenu à les inventer ? Dans un monde sans Dieu, nous devons expliquer non seulement d'où vient cette idée de Dieu, mais également tous les éléments surnaturels qui sont censés l'accompagner.

Jésus a commencé par reprendre de la tradition juive au moins les éléments suivants : « Dieu » (avec sa voix qui résonne à ses oreilles), le « royaume de Dieu » (le « paradis »), la « loi de Dieu », la « justice de Dieu » (comme conformité à la volonté et aux normes de Dieu), la « vérité de Dieu » (qui est censée s'exprimer par la bouche de Jésus), le « mystère » (vérité issue de Dieu, partiellement inaccessible à l'homme pour cause de limitation humaine), l'« omniscience de Dieu », la « grâce de Dieu », l'« élection » (comme prédestination ou fatalité), le « bien » et le « mal », la distinction entre l'« âme » et le « corps » (la chair), « Satan » (l'adversaire, le « diable »), les « esprits » et « démons » (qui hantent les « possédés »), les « anges », le « péché » (la faute

---

159 Nietzsche (Friedrich), « L'Antéchrist », in *Œuvres philosophiques complètes, op. cit.*, tome VIII, § 15, p. 172.

comme désobéissance à Dieu), le « blasphème », le « châtiment éternel » (les peines éternelles, la punition divine), le « jugement dernier », le « cœur », la « pureté », le « bonheur » (les bienheureux), l'« esprit » (qui habite le cœur du croyant), l'« expiation », la « liberté » (possibilité de l'homme de choisir sur la base d'une connaissance vraie), l'« inspiration », le « prophète », le « messie », etc.

Ensuite, Jésus semble avoir généreusement enrichi cette tradition de quelques entités de son cru, ou du moins leur a-t-il conféré un sens nouveau : la « repentance » (qui précède le pardon), le « pardon » (le rachat des fautes et la « rédemption »), le fait de « sauver des péchés », la « sanctification » (un « saint » étant pur et séparé), la « paix » (entre Dieu et l'homme par le sang de la croix), le « renversement social » (les premiers seront les derniers, et réciproquement), la « résurrection » (dans la mesure où ce serait lui et non ses commentateurs qui auraient inventé cette fable), la « vie éternelle » (pour ceux dont les fautes sont rachetées), être le « fils de Dieu », être la « lumière du monde », ou encore être soi-même une « nourriture céleste », etc.

Une série de questions s'ouvre alors : comment Jésus a-t-il pu inventer toutes ces entités illusoires ? Comment a-t-il pu les agencer avec les entités imaginées avant lui, pour en tirer un univers apparemment cohérent ? Et comment a-t-il pu convaincre les foules de l'existence réelle de ce cosmos fantomatique ? Nous manquons encore d'éléments pour répondre à ces questions.

Un autre aspect du cas Jésus attire tout particulièrement l'attention, à savoir son très curieux rapport aux lois qui lui préexistaient. De façon singulière, Jésus présentait souvent un comportement immoral, ou même irréligieux, dans le sens qu'il ne respectait pas les règles en vigueur dans son entourage[160].

---

160. Voir par exemple *Luc* (11 : 37-38), *Jean* (4 : 7-9).

Voyons quelques exemples religieux :

« Quelques pharisiens lui demandèrent : Pourquoi faites-vous ce qu'il n'est pas permis de faire pendant le sabbat ? Jésus leur répondit : [...] Le Fils de l'homme est maître même du sabbat. »[161]

Rappelons aussi que, selon les Évangiles, il empêcha une femme adultère de subir son châtiment religieux, et qu'il renversa des tables et des sièges dans un temple[162].

De façon plus radicale, Jésus apparaissait comme une sorte de rebelle, de révolutionnaire religieux, qui prétendait évincer tout ordre n'émanant pas de lui. La promesse suivante valait surtout pour un hypothétique ailleurs :

« Car quiconque s'élève sera abaissé, et quiconque s'abaisse sera élevé. »[163]

Jésus ne se contentait pas de désobéir aux lois de son temps, qu'elles fussent morales ou religieuses. Semblable aux paranoïaques, il allait plus loin en remettant en question ces règles admises. Il inventait des lois inédites, de nouvelles consignes, qu'il tâchait de faire respecter par tous :

« Vous avez appris qu'il a été dit : œil pour œil, et dent pour dent. Mais moi, je vous dis de ne pas résister au méchant. »[164]

De même, Jésus changea la loi de Moïse sur le divorce en interdisant de rompre ce que Dieu a joint[165].

Ce rapport symptomatique aux lois soulève de nouvelles questions : comment Jésus pouvait-il réclamer l'obéissance quand lui-même s'en dispensait si volontiers ? Et si Dieu n'existe pas, d'où pouvait-il tirer ses nouvelles lois ?

---

161. *Luc* (6 : 2, 3 & 5), voir aussi *Matthieu* (12 : 10-13), *Marc* (2 : 27-28), *Jean* (5 : 10-13).
162. *Matthieu* (21 : 12).
163. *Luc* (14 :11).
164. *Matthieu* (5 : 38-39).
165. *Marc* (10 : 2-9).

Après ces relevés de symptômes étonnants, le temps est venu de chercher des explications à toutes ces manifestations pathologiques, et des réponses à toutes ces questions. Pour ce faire, un nouveau détour par les connaissances en psychologie est nécessaire.

Jung, disciple de Freud, a exploré un inconscient plus profond que l'inconscient personnel. Ce dernier contient nos désirs et nos souvenirs propres, bref tout ce qui a constitué la particularité de notre parcours individuel. Dans ses travaux, Jung s'est aperçu qu'une partie de l'inconscient de chaque homme est différente. Elle contient des éléments qui ne lui sont pas propres, mais appartiennent à tous les individus d'une société, voire l'humanité. Il l'a appelée « inconscient collectif ». Ces éléments sont des symboles très généraux, qui revêtent invariablement la même signification, parfois dans toutes les civilisations. Il les a appelés des « archétypes ». Une illustration simple en est le vent, qui désigne toujours l'esprit. Dans la Bible se trouve le « souffle de Dieu », et dans la forêt primitive un coup de vent peut signaler le passage d'esprits.

Freud, de son côté, a découvert que certaines projections sont très particulières. De la même façon que les archétypes sont des symboles communs à un groupe d'humains, certaines projections attribuent à la réalité des formes issues de l'inconscient collectif. Plus exactement, ces projections particulières mettent sur le compte de la réalité des structures de l'inconscient entières, au lieu de tel ou tel contenu personnel. Or ces structures restent les mêmes pour tous les hommes, comme le moi, le ça et le surmoi.

C'est un genre de projections à part qui se nourrissent des éléments communs à des groupes sociaux (les archétypes), ou des structures de l'inconscient identiques pour tous les hommes.

Dans la mesure où le résultat de ces projections est un mythe, Freud les appelle des « projections mythiques ».

Qu'est-ce qu'un mythe ? C'est une histoire fictive qui met en jeu des personnages symboliques, et qui permet d'expliquer l'origine d'un fait ou d'un objet réels. Le mythe de Narcisse est instructif. Ce personnage admirait sa propre image dans l'eau d'une rivière. Un dieu l'en punit mortellement, et le transforma en fleur. Cette histoire est censée rendre compte de l'origine du narcisse.

Pour comprendre la manière dont un mythe est produit à partir d'une projection de structure d'inconscient, une illustration bien connue suffira. Le mythe d'Œdipe raconte l'histoire de ce héros malheureux, qui fut amené à tuer son père et faire l'amour avec sa mère. Il avait agi malgré lui, sans savoir à qui il avait affaire. Ce faisant, il réalisait justement des désirs qui appartiennent à l'inconscient de tous les hommes : le complexe d'Œdipe. Tout enfant désire certaines personnes de son entourage et voit en d'autres des rivaux, qu'il voudrait éliminer. C'est une structure entre trois éléments inconscients qui est projetée : le moi, le père, la mère. Ils sont reliés par les deux pulsions fondamentales : la haine et l'amour.

Œdipe est un personnage fictif. Croire en son existence reviendrait à mettre sur le compte de la réalité une structure de désirs purement inconsciente.

Or, il a bien fallu des inventeurs de ces mythes, des hommes faisant preuve d'une imagination tout à fait particulière, de nature pathologique. Comment ont-ils fait, sur le plan psychologique ?

Ces hommes particuliers ont accès aux structures de leur inconscient collectif, ce qui leur permet d'imaginer des mythes, par délire et projection. Certains hommes ne se contentent pas de projeter le contenu de leur propre inconscient, comme le font les simples paranoïaques. Ces individus, très rares, voient grand, et projettent soit les archétypes, soit les structures d'inconscient communes à tous les hommes.

Ces paranoïaques sont des mégalomanes. Ils font des projections mythiques. Ce sont des « mégaparanoïaques ».

Jésus était un mégaparanoïaque.

L'un des plus grands que la terre ait portés.

Du moins l'un de ceux qui a pu convaincre le plus grand nombre d'hommes.

Le mégaparanoïaque projette les structures collectives de son inconscient, ainsi que les archétypes. Ces projections mythiques peuvent aussi être appelées « mégaprojections ». Le mégaparanoïaque attribue à tort aux formes collectives une réalité d'un genre spécial, que Freud appelle « supraréalité »[166]. Cette réalité ne se perçoit pas, bien qu'elle soit censée expliquer la réalité visible, la vraie. Dieu ne se voit pas, mais il est supposé expliquer l'origine de tout ce qui est perceptible, avec la Genèse. Freud a découvert l'origine réelle de cette supraréalité, dans ce processus particulier qu'est la projection mythique. C'est pourquoi il appelle les productions qui en émanent des « illusions »[167].

Attardons-nous quelque peu sur cette mégaprojection, la plus grande des mégaprojections : Dieu. Tous les hommes, ayant été enfants, incluent dans leur inconscient le modèle du « grand ». Le plus souvent, ce sont des parents, ou des tuteurs, des éducateurs en général. Dans la mesure où aucun enfant ne peut survivre sans le soutien d'un grand, l'existence de la société tout entière dépend de la capacité des adultes à remplir cette fonction. L'aide constitue la première fonction de ces grands. Ils

---

166. Voir FREUD (Sigmund), *Psychopathologie de la vie quotidienne*, Paris, Payot, 1990, chapitre XII, p. 296.

167. Voir FREUD (Sigmund), « L'avenir d'une illusion », in *Œuvres complètes. Psychanalyse*, Paris, PUF, 1994, tome XVIII, p. 172.

protègent et apportent la vie, ainsi que le goût de vivre, qui est une composante essentielle de l'amour.

L'enfant intègre ainsi en lui, dans son inconscient profond, une image idéale, d'un grand, qui lui apporte amour, aide, protection.

Ce grand assume aussi d'autres fonctions essentielles, apparemment en contradiction avec les premières. Le petit d'homme a besoin d'une longue éducation. Les grands vont devoir rectifier le comportement de l'enfant. Cette partie contraignante comprend les punitions, les colères, etc. Les grands manifestent, apparemment, le contraire de l'amour et de la protection. Mais c'est pour le bien de l'enfant, à long terme, dans sa propre vie d'adulte à venir. Le grand inculque à l'enfant les contraintes qui seront celles de la réalité, qu'il s'agisse de la nature ou de la société.

Dans le surmoi de l'enfant se forme l'image d'un grand, sévère mais bon, qui lui apporte des contraintes et des lois. C'est l'idéal du moi.

Avec les fonctions du grand, d'un côté la protection, l'amour, le goût de vivre, d'un autre côté les contraintes et les lois, un archétype apparaît. L'idéal du moi. Son existence est purement psychique. C'est seulement au prix d'une mégaprojection de cet archétype, que peut lui être attribuée une quelconque réalité, une supraréalité illusoire.

Ces fonctions du grand, comme archétype de l'inconscient collectif, l'humanité en a pris conscience au fur et à mesure, en les attribuant par erreur à la réalité. Il en reste toujours quelques-unes, très précises, qui n'ont pas encore été mises au jour à telle ou telle époque. C'était le cas du pardon. Quand l'enfant commet des erreurs, dans son apprentissage de la réalité, le grand qui l'éduque est bien obligé de le gronder. Ensuite, il se doit également de lui « pardonner », tant les erreurs sont inévitables et font partie de l'apprentissage. Ce moment du pardon fait un immense plaisir à l'enfant, c'est celui de la consolation après la colère, où le grand rappelle son amour et sa protection.

Nous pouvons maintenant appliquer ces mécanismes généraux de l'inconscient aux délires, aux projections mythiques, aux symptômes et enfin aux paraboles de Jésus.

Les idées de grandeur sont directement issues des mégaprojections à partir de l'inconscient collectif. Dans certaines tribus africaines, lorsqu'une personne fait un « rêve d'en haut », l'un de ces songes importants qui semblent comporter une force explicative sur les mystères de l'univers, cette personne réunit le village pour lui raconter son rêve. C'est le même procédé qui est en jeu avec la mégalomanie de Jésus. Ce dernier rêvait éveillé, quoique son genre de rêve fût très spécifique. Il hallucinait les archétypes ou les structures de l'inconscient collectif. Il ressentait leur force singulière, d'où résultait également sa conviction profonde de détenir la vérité, seul contre tous. Il détenait bien une vérité, et même universelle, mais pas une vérité qui concernerait la réalité, contrairement à ce qu'il croyait. En fait, il ne détenait qu'une vérité sur l'inconscient, l'inconscient collectif plus précisément. Ses déclarations métaphysiques faisaient simplement allusion à son inconscient, à son insu. Freud, ayant découvert ce mécanisme, ouvre le chemin inverse. Ce retour vers la réalité consiste à retraduire, en psychologie de l'inconscient, les mythes relatifs au paradis et au péché originel, à Dieu, au mal et au bien, à l'immortalité, etc.[168]

L'une des idées de grandeur développées par Jésus est intéressante, qui consiste à croire qu'il pouvait sauver le monde. Plus exactement, il comptait le sauver en donnant sa vie. L'idée générale de « sauver le monde » est à comprendre comme reconstruction

---

168. Voir FREUD (Sigmund), *Psychopathologie de la vie quotidienne, op. cit.*, tome XII, p. 296.

psychotique du monde. Freud a fait l'analyse des écrits d'un grand psychotique, Daniel-Paul Schreber. Du fond de son hôpital psychiatrique, cet ancien président de cour d'appel prétendait devoir sauver le monde en se faisant féconder par Dieu[169]. Il obtint beaucoup moins de succès que Jésus, les psychiatres du XXe siècle étant moins crédules que les auditeurs du Ier siècle, bien que le principe de son délire en ait été assez proche. Il prétendait que le cosmos était menacé de destruction, et qu'il se devait de le reconstruire, le sauver. Ce mouvement, déjà examiné, relève typiquement de la psychose. Le schizophrène, après avoir retiré ses pulsions de la réalité pour les ramener sur lui, tâche ensuite de reconstruire l'univers à partir de son inconscient. Pour ce faire, il recourt abondamment aux délires, hallucinations et autres projections. Quant au curieux motif de la fécondation par Dieu, une composante homosexuelle inconsciente y apparaît nettement. Cet élément provient de l'inversion œdipienne, en prise directe avec la filiation divine professée par Jésus. Pour sauver le monde, chacun sa méthode. Schreber confondait son ego avec le monde, et demandait la fécondation du père inconscient. La méthode de Jésus n'était pas moins délirante, avec son système de filiation. Bref, deux mouvements se dessinent, typiquement psychotiques : d'abord, le psychotique retire son intérêt du monde, « donc » le monde est détruit, ensuite il s'y intéresse à nouveau, et « donc » le monde est recréé. Il est sauvé. Recréer le monde après l'avoir perdu, revient à le sauver. En outre, Jésus réinvestissait le monde sur son propre modèle d'innocence, issue du rapport positif entre moi et surmoi. Il a « donc » recréé un monde identique à

---

169. Voir FREUD (Sigmund), « Remarques psychanalytiques sur un cas de paranoïa (*Dementia paranoides*) décrit sous forme autobiographique », (« Le cas Schreber », écrit en 1910, publié en 1911), in *Œuvres complètes. Psychanalyse, op. cit.*, tome X, pp. 225-304.

lui-même, « sans faute ». Ce délire de grandeur se conclut « logiquement » par la certitude de « sauver le monde de ses péchés » !

Le délire d'immortalité est un classique. Mais Jésus, dans une surenchère mégalomaniaque, l'a agrémenté d'une immortalité prénatale. Il a atteint, en délire, une sensation d'éternité tout à fait intéressante sur le plan psychologique. L'une des caractéristiques les plus fondamentales de l'inconscient consiste à ignorer le temps. Une fois qu'une image, un acte ou un désir sont perçus ou vécus, ils sont inscrits dans l'inconscient. Ils y restent à jamais, et continuent d'y agir durant toute la vie du sujet. Freud écrit : « Les processus [de l'inconscient] sont atemporels, c'est-à-dire qu'ils ne sont pas ordonnés temporellement, ne se voient pas modifiés par le temps qui s'écoule, n'ont absolument aucune relation au temps. »[170] C'est pour cette raison que les désirs infantiles continuent de perturber la vie de l'adulte.

Freud a expliqué l'origine psychologique de la foi, cette sorte de sentiment océanique d'une communion avec le tout, se traduisant par une impression d'éternité. Ce sentiment est issu de la condition du nourrisson, dans l'esprit duquel le moi n'est pas distingué du ça ni de la réalité extérieure. Le moi englobe tout. Plus tard, le tout jeune enfant parvient à distinguer son moi de la réalité et en reconnaître les limites, tant spatiales que temporelles[171]. Ce sentiment d'éternité ou d'immortalité, exceptionnellement développé chez Jésus, résultait d'une vaste mégaprojection du ça. En pleine phase avec son ça, par absence d'opposition de son surmoi, Jésus se laissait porter sur la vague de ses pulsions atemporelles. Il prenait continuellement un bain d'inconscient collectif. Il s'y

---

170. Freud (Sigmund), *Métapsychologie. L'inconscient*, partie V, « Les propriétés particulières du système ICS », in *Œuvres complètes. Psychanalyse*, Paris, PUF, 1988, tome XIII, p. 226.
171. Voir Freud (Sigmund), « Le malaise dans la culture », in *Œuvres complètes. Psychanalyse*, Paris, PUF, 1994, tome XVIII, pp. 249-253.

perdait tout entier, et transposait les structures de l'inconscient sur la réalité. Il hallucinait une supraréalité atemporelle, à laquelle il s'identifiait.

Son délire messianique, sur la base des mégaprojections, s'explique également. Jésus avait un accès débridé à son inconscient collectif, en particulier à l'archétype du père. D'autre part, ne connaissant pas l'opposition interne entre moi et surmoi, il pouvait se présenter lui-même comme parlant au nom de Dieu. Son moi surgonflé faisait de lui un véritable surmoi ambulant. Jésus prenait le rôle d'un père qui assène des conseils pour tous. Il parlait comme un surmoi collectif. Au lieu de simplement se soumettre aux règles sociales intégrées dans son surmoi, il en inventait lui-même à partir de son inconscient collectif. Il les imposait aux autres, avec agressivité et ténacité.

Le délire de plagiat dérive du processus précédent. Nous avons vu que Jésus craignait que d'autres ne séduisent les foules, par projection sur d'autres de son propre cas. Avec sa conviction mégalomaniaque d'être un prophète, il appréhendait que d'autres personnes ne puissent produire des mégaprojections, et se prendre pour lui.

Après les délires de persécution et de grandeur, voici le dernier des trois plus importants délires de Jésus : son délire de filiation.

Le premier aspect de ce délire réside dans son affirmation d'être « fils de Dieu » :

« [...] mon Père qui est dans les cieux [...] »[172]

Pour comprendre ce premier délire, qui va ensuite s'imbriquer dans un développement systématisé, il suffit de se référer à la notion de « père » en psychanalyse. Le père représente l'autorité, le « supérieur », les lois. Or Jésus sentait que son père était différent, ce n'était pas un simple Papa, pas cet humble charpentier.

---

172. *Matthieu* (7 : 21), (16 : 17).

Sa mégalomanie n'aurait su s'en contenter. Il sentait en lui un être plus grand, un père universel. En bon mégaparanoïaque, Jésus sentait l'archétypal, l'inconscient collectif, en lui-même. Il croyait détenir des lois pour tous. En attribuant cette intériorité aux cieux, il faisait une mégaprojection. Une erreur, certes, mais une erreur grandiose.

Bien des déclarations de Jésus confirment implicitement cette interprétation du père en termes de lois archétypales :

« Quand vous aurez élevé le Fils de l'homme, alors vous connaîtrez ce que je suis, et que je ne fais rien de moi-même, mais que je parle selon ce que le Père m'a enseigné. Celui qui m'a envoyé est avec moi ; il ne m'a pas laissé seul, parce que je fais toujours ce qui lui est agréable. »[173]

Le dernier aspect, « faire ce qui lui est agréable », est fondamental. Jésus ne se contentait pas de sentir l'archétype du père universel en lui, avec ses lois collectives. En plus, et c'est là une caractéristique déterminante, il était en communion avec ces lois. Contrairement aux personnes normalement constituées, il ne ressentait pas les lois universelles comme une contrainte. Il s'entendait bien avec son père, pourrait-on dire. C'est encore là le motif du surmoi permuté, issu du complexe d'Œdipe inversé. Au lieu d'entrer en conflit avec le père, il nourrissait une relation d'amour avec lui. Il l'aimait, et se sentait aimé en retour. Voilà le secret du bonheur, le véritable paradis, de Jésus : l'absence de tension moi-surmoi.

« C'est mon Père qui me glorifie [...] »[174]

Une dernière étape reste à franchir pour lever une partie du mystère de Jésus, à savoir ce qu'il apportait d'original à la foule. Par mégaprojection, il proposait de transposer son propre

---

173. *Jean* (8 : 28-29).
174. *Jean* (8 : 54).

rapport positif au père, à celui que la foule devait entretenir avec lui. Heureux d'être en phase avec son père inconscient, il proposait à la foule d'établir la même relation avec lui, son représentant terrestre :

« Comme le Père m'a aimé, je vous ai aussi aimés. Demeurez dans mon amour. Si vous gardez mes commandements, vous demeurerez dans mon amour, de même que j'ai gardé les commandements de mon Père, et que je demeure dans son amour. »[175]

Jésus proposait en même temps la fin de la mauvaise conscience et l'obéissance. Il proposait l'amour des lois, lesquelles ne lui pesaient guère, puisqu'il se les donnait lui-même. Il se présentait en modèle. Il mettait au jour l'aspect amoureux du père au fils, ce qui constituait une nouveauté par rapport au côté répressif de la tradition juive (comme les injonctions limitatives de Moïse).

« Vous êtes mes amis, si vous faites ce que je vous commande. [...] Ce que je vous commande, c'est de vous aimer les uns les autres. »[176]

Dès lors, l'amour lui-même devint le contenu de son ordre. Par mégaprojection, la loi suprême de Jésus requérait d'être comme lui, en amour avec le père. Il se dirigeait vers son système délirant, qui constitue une transposition de lui-même : à l'intérieur de lui-même, amour de soi. Sur le plan de sa communauté, la même dichotomie apparaissait, par mégaprojection : à l'intérieur de la collectivité, amour de soi-même, c'est-à-dire amour des uns et des autres (mais corrélativement, haine des personnes extérieures à la communauté). Jésus proposait à la collectivité ce qu'il ressentait en lui-même : l'unité par l'amour, l'amour de la loi commune, du père partagé par tous, c'est-à-dire de lui-même, Jésus. Il aurait voulu que tous l'aiment, comme lui-même s'aimait lui-même,

---

175. *Jean* (15 : 9-10).
176. *Jean* (15 : 14, 17).

100

et comme il sentait que son père l'aimait. C'est incroyable : il a ordonné à la foule, de manière à peine déguisée, « aimez-moi »... Et une partie de la foule l'a aimé. Nous devrons essayer de comprendre pourquoi elle s'est éprise d'un être si tyrannique et pourquoi elle a voulu obéir à ses lois...

La paix annoncée par Jésus contient la même ambiguïté que pour l'amour. Cette paix, entre l'homme et Dieu, est la méga-projection de la fusion psychotique entre le moi et le surmoi de Jésus. D'un autre côté, Jésus annonçait la guerre. Du point de vue de la conscience, c'est contradictoire. Mais dans l'inconscient, les pulsions agressives (de mort) et les pulsions d'amour (de vie) sont inextricablement liées. Jésus aimait et agressait en même temps ses auditeurs, endossant le rôle ambivalent du père. De plus, en bon psychotique, il ne retournait jamais sur lui-même son agressivité, pour la réserver aux autres, à l'extérieur. Deux possibilités s'ouvraient. Soit ses auditeurs lui obéissaient. Ils entraient alors dans la communauté chrétienne, et s'unifiaient illusoirement grâce à son amour identique pour tous. Soit ses auditeurs lui désobéissaient, auquel cas ils s'attiraient sa haine, ses menaces, sa vindicte, etc. Ils se retrouvaient alors à l'extérieur de la communauté chrétienne, et s'exposaient à bien des désagré-ments. Ce mécanisme pathologique, issu de Jésus, s'est perpétué dans l'histoire chrétienne ultérieure, avec l'inquisition ou les excommunications, en passant par les croisades.

Quand Jésus donnait pour premier commandement d'aimer Dieu, et accessoirement de ne pas blasphémer contre lui, il en était le premier bénéficiaire, lui qui s'identifiait à Dieu, dans la Trinité schizophrénique. Cet ordre dénotait une immense vanité, bien qu'insidieusement voilée.

De ce curieux rapport père-fils, ce rapport inversé qui est amour et intériorisation des lois, découlait cet étonnant conseil que Jésus ne cessait de répéter au sujet de l'enfance :

« Je vous le dis en vérité, quiconque ne recevra pas le royaume de Dieu comme un petit enfant n'y entrera point. »[177]

Que signifie cette image ? Pour connaître le bonheur, en d'autres termes pour recevoir l'amour du père et ne plus être en conflit avec les lois, il faudrait devenir enfant, comme Jésus l'était lui-même. Ce cas de figure implique de ne plus ressentir de mauvaise conscience, de conflit entre les lois du surmoi et le moi. Il faudrait avoir un surmoi qui fonctionne à l'envers, sans reproches haineux à l'égard de soi-même. Il faudrait être Jésus, « innocent ». Autrement dit : psychotique.

Cet amour des uns pour les autres, comme transposition de son attachement à lui-même, suivait une pente naturelle, qui est celle de l'amour en général : la fusion entre deux êtres. C'est le deuxième aspect du délire de filiation de Jésus.

L'amour fusionnait les deux êtres, qui s'interpénétraient littéralement :

« […] le Père est en moi et […] je suis dans le Père. »[178]

Dans son esprit malade, un seul être en résultait :

« Moi et le Père nous sommes un. »[179]

Voilà un délire mégaparanoïaque, dans toute sa pureté, qui nécessite une explication, comme une sérieuse pathologie. À présent que les mécanismes psychologiques sont apparus au grand jour, l'éclaircissement semble plus accessible. C'est la « fusion psychotique ». Jésus a fusionné son moi avec son surmoi. Et son délire des grandeurs n'a fait qu'aggraver cette union contre

---

177. *Luc* (18 : 17), voir aussi *Matthieu* (18 : 3), (19 : 14), *Marc* (10 : 13-16).
178. *Jean* (10 : 38).
179. *Jean* (10 : 30).

nature, pour devenir une fusion mégalomaniaque entre son petit moi et le grand surmoi archétypal de son inconscient collectif, qui contient des lois universelles.

Cette fusion interne à Jésus fut à son tour transposée à son rapport à la foule :

« Je leur ai fait connaître ton nom, et je le leur ferai connaître, afin que l'amour dont tu m'as aimé soit en eux, et que je sois en eux. »[180]

Jésus était devenu un avec lui-même, par fusion psychotique. Toute tension interne avait disparu en lui. Par transposition, le même processus devait s'appliquer à la multitude, censée devenir une à son tour. Voilà encore une mégaprojection de la part de Jésus, qui élargissait le délire onirique de la Trinité jusqu'à y inclure la foule :

« Je leur ai donné la gloire que tu m'as donnée, afin qu'ils soient un comme nous sommes un – moi en eux, et toi en moi –, afin qu'ils soient parfaitement un, et que le monde connaisse que tu m'as envoyé et que tu les as aimés comme tu m'as aimé. »[181]

Le troisième aspect du délire de filiation, si proéminent chez Jésus, résidait dans cette curieuse appellation « Fils de l'homme ». Celle-ci était censée souligner le caractère humain de Jésus, ce qui contredisait son aspect divin. Être humain, c'est être ici-bas, sur terre ; être divin, c'est être là-haut, dans le ciel. Certains pourraient éventuellement répondre qu'il était provisoirement humain, le temps de son incarnation. Toutefois, ces arrangements après coup ne sont que du bricolage sur un bâtiment sans fondations, c'est-à-dire sur des mythes en série.

En revanche, si « divin » signifie « en fusion psychotique avec le surmoi collectif », alors humain et divin ne se contredisent

---

180. *Jean* (17 : 26).
181. *Jean* (17 : 22-23).

plus. Jésus était bien un homme, avec une configuration mentale très particulière. Son surmoi et son moi ne faisaient qu'un. Il avait accès à l'inconscient collectif. Il sentait en lui l'universel, l'humain en général. Il croyait incarner l'humanité, le « phylogénétique » (ce qui appartient à l'espèce en général). Se dire « Fils de l'homme », comme être humain en général, signifie qu'il comprenait en lui les structures générales de l'humanité. Son moi était gonflé, pour atteindre le statut de moi collectif, par fusion avec le père collectif, qui gît dans l'inconscient. Cette configuration mégaparanoïaque restant extrêmement rare, Jésus pouvait passer pour surnaturel ou divin aux yeux des hommes ordinaires.

La difficulté consiste maintenant à expliquer ses projections mythiques, en mettant au jour leurs clefs inconscientes.

La plupart des déclamations de Jésus véhiculaient une foule de mots qui ne renvoient à rien de réel. Des expressions comme « Dieu », « vie éternelle », « sanctification », « nourriture céleste », ne désignaient aucun objet dans la réalité. En fait, elles représentaient des allusions involontaires à des faits ou facteurs inconscients. Lorsqu'un chrétien croit à la réalité de ces entités, il est simplement dupe d'un mythe. Et celui qui invente un mythe est un mégaparanoïaque. Il les fabule en produisant des projections mythiques. Tel était Jésus.

Une traduction systématique devient nécessaire pour comprendre ce que signifie réellement chacune de ses paraboles, du point de vue de l'inconscient. Les clefs de ces traductions, du langage délirant vers la réalité psychologique, sont ces mots. Voilà quelques illustrations de décryptage de ces clefs.

D'abord, quelques mots employés par Jésus, qu'il ne faisait que reprendre à la tradition juive :

Le mot « Dieu » est rattaché à tous ses dérivés, quoique dans un sens psychologique. Le « royaume de Dieu » désignerait un lieu, un paradis, où la réconciliation avec le père serait entière, un espace sans tension entre moi et surmoi. Cette utopie, d'origine inconsciente, est également à la source du mythe de l'âge d'or, où tout désir est immédiatement réalisé, sans interdit, sans impossibilité physique. Sur le plan réel, une telle configuration psychologique peut être réalisée de deux façons. Premièrement, le bonheur existe en quelque sorte au temps où moi et surmoi ne sont pas encore formés. Freud l'appelle le « narcissisme primaire ». Celui-ci correspond à l'âge du fœtus ou du jeune nourrisson, sans tension psychologique interne entre deux instances qui n'existent pas encore, le moi et le surmoi. Dès que ces deux instances sont formées, par identification avec les parents, la tension des injonctions parentales contre les désirs du moi devient permanente. Sauf dans le cas du psychotique, dont moi et surmoi fonctionnent en mode inverse. Au lieu d'être opposés, son surmoi exprime de l'amour pour son moi, d'où résulte leur fusion. C'est la deuxième façon de réaliser psychologiquement le mythe de l'âge d'or. C'est un cas spécial, très minoritaire dans la population, que Freud appelle « narcissisme secondaire », autre nom de la psychose. En général, la rencontre entre ces psychotiques et les hommes sains est houleuse, tant ces malades ignorent les contraintes externes, venues de la société. En bref, le paradis est la projection mythique du narcissisme primaire, faite par un psychotique.

Nous pouvons appliquer cette conclusion, pour découvrir ce que symbolise le « châtiment éternel » (les peines éternelles, la punition divine), par effet miroir. Celui-ci représente simplement le contraire de la fusion psychotique : la mégaprojection de la tension jamais résolue, inévitable, entre le pauvre moi et le tyrannique surmoi. Dès qu'une pulsion agit, c'est-à-dire quasiment toujours, de l'angoisse et de la mauvaise conscience apparaissent.

La « loi de Dieu », la « justice divine », etc., désignent la conformité aux ordres socioreligieux intégrés dans le surmoi. Le problème réside dans le fait que le moule moi-surmoi peut intégrer n'importe quel genre de lois. Changer celles-ci demeure toujours possible. Le moule moi-surmoi est une structure vide, une coquille, qui peut s'emplir de n'importe quel contenu. Ce peuvent être les lois d'un État, intégrées par le citoyen, les dogmes religieux, assimilées par le croyant et inventées par un mégaparanoïaque, ou même les règles d'un groupe de malfrats, que chacun de ses représentants respecte.

L'illusion de la loi divine survient quand un sujet attribue ces lois à un Être qui existerait dans le ciel. S'y adjoignent le bien et le mal, illusions par excellence. Le bien est censé désigner l'adéquation avec le verbe divin. Autrement dit, il découle d'une mégaprojection de la conformité avec la voix intérieure du surmoi collectif. Et le mal, comme l'indique Freud au sujet du diable, représente les pulsions du ça[182]. Si vous croyez à l'existence effective du bien et du mal, vous faites une mégaprojection en attribuant à la réalité de simples mécanismes inconscients. Vous objectivez à tort une simple relation entre opérateurs inconscients. Si vous en faites un personnage, il s'agira d'un anthropomorphisme. Vous attribuez une forme à peu près humaine à ce qui en est dénué, un lieu de l'inconscient.

Si vous obéissez aux lois de votre surmoi, autrement dit si celui-ci parvient à contenir les désirs issus de votre ça, vous agissez « bien ». Dans le cas contraire, vous commettez un « péché ». C'est une simple illusion, résultant du fait que certains désirs inconscients débordent le surmoi, que vous le vouliez ou non. Le péché ne pourrait exister qu'à condition que l'homme soit

---

182. Voir FREUD (Sigmund), « Caractère et érotisme anal », in *Névrose, psychose et perversion*, Paris, PUF, 1992.

libre de choisir ses actes. Mais comme le dit Freud, « le moi n'est pas maître dans sa propre maison »[183]. L'inconscient détermine nos actes à notre insu. « Instrument de ton corps, telle est aussi ta petite raison que tu appelles "esprit", mon frère, un petit instrument et un jouet de ta grande raison. »[184] Cette absence réelle de libre arbitre est d'ailleurs elle-même projetée, de façon mythique, par la religion, dans les notions de « grâce de Dieu », « élection », « prédestination », etc. Manifestement, les religieux se contredisent eux-mêmes sur ce point, puisque d'un côté ils affirment être libres, et de l'autre que tout est déjà écrit.

Une métaphore vient illustrer ces affaires de bien et de mal, comme un motif inconscient qui parcourt en souterrain toute l'imagerie mythique de Jésus. C'est la « pureté ». Être « pur » revient à être lavé de ses fautes, que figure cette curieuse notion d'« expiation ». Jésus projette là son caractère anal, qui sépare le pur et l'impur, sur des questions morales, de rapport entre moi et surmoi. La pureté devient la projection du cas particulier où moi et surmoi ne sont pas en opposition.

Jésus n'a pas inventé ce mythe, mais l'a particulièrement développé, notamment avec la « sanctification », faisant du « saint » quelqu'un de « pur et séparé ». Le saint, sur le modèle de Jésus, serait une personne non souillée et non mélangée, ce qui représente une réaction d'opposition au fort penchant infantile pour les excréments. Le saint en est une simple symbolisation religieuse, par projection sur le plan moral du surmoi inversé de Jésus, qui se jugeait bon.

La croyance dans les esprits constitue une projection mythique des plus basiques. Elle consiste à attribuer des pensées aux objets

---

183. FREUD (Sigmund), « Une difficulté de la psychanalyse », in *Œuvres complètes. Psychanalyse*, Paris, PUF, 1996, tome XV, p. 50.
184. NIETZSCHE (Friedrich), *Ainsi parlait Zarathoustra*, partie I, « Des contempteurs du corps », Paris, Gallimard, 1947, p. 44.

ou même à la réalité en général. Le genre de pensées attribuées à ces objets détermine le type d'esprits auxquels les croyants accordent crédit. Si ces pensées sont « mauvaises » (issues du ça), alors apparaissent les démons, et si ces pensées sont validées par le surmoi, voilà les anges. La distinction artificielle entre « âme » et « corps », procède elle-même d'une projection mythique. Freud explique que cette séparation provient de la projection de la distinction entre conscience et inconscient[185].

Le « blasphème » constitue un genre de péché amusant. Blasphémer ne revient plus seulement à contredire les lois de Dieu, mais à s'en prendre directement à sa source, Dieu lui-même. C'est la manifestation directe du complexe d'Œdipe, qui réalise symboliquement le désir de meurtre du père. Le blasphème renvoie à cet interdit intériorisé dans le surmoi, avec son pendant, le désir incestueux.

La « vérité de Dieu » et le « mystère de Dieu », ou encore l'« omniscience divine » qui demeure inaccessible à la conscience du commun des mortels, renvoient au fait que l'inconscient contient toutes les connaissances du sujet.

La fameuse « inspiration », ou « enthousiasme » (étymologiquement « Dieu en nous »), représente métaphoriquement la remontée des structures de l'inconscient collectif à la conscience.

Jésus a également repris la notion de « messie », qui désigne un envoyé de Dieu dont la mission est de libérer le monde du mal. Sa personnalité très particulière avait tout pour répondre à l'attente populaire : sentiment de supériorité, de pureté et de grandeur, obsession de sauver le monde. Il a endossé cet archétype de messie, comme s'il avait été taillé sur mesure pour lui.

---

185. FREUD (Sigmund), *Totem et tabou*, chapitre III, « Animisme, magie et toute-puissance des idées », partie IV, in *Œuvres complètes. Psychanalyse*, Paris, PUF, 1998, tome XI, pp. 303-304.

Cette mégaprojection, héritée de la tradition, cristallisait ce qu'il ressentait confusément à son propre sujet.

La plupart de ces notions mythiques ont été reprises par Jésus. En voici quelques autres, de son cru.

L'une des plus importantes est le « pardon », opposé à la capitale « loi du talion ». Au lieu de rendre œil pour œil, dent pour dent, il faudrait maintenant tendre l'autre joue. Jésus a inversé le rapport punitif de Dieu aux hommes, du surmoi collectif au moi. Il a créé un mythe à partir de la projection de sa propre structure inconsciente.

Que ce soit justement Jésus qui ait projeté la fonction parentale du pardon, cet archétype de l'inconscient collectif, est compréhensible. Son surmoi et son moi n'entraient pas en conflit. Il a mégaprojeté, dans une supraréalité illusoire, une simple dysfonction de son inconscient pathologique. Il développait une hypersensibilité au moment particulier de la réconciliation du père avec l'enfant, le pardon. En effet, il ignorait lui-même la tension torturante de la mauvaise conscience, cet affrontement permanent entre un surmoi normalement répressif et le moi. Au lieu de le punir, son surmoi l'encourageait ; plutôt que de l'empêcher d'accomplir des actes prohibés par la société, il lui « pardonnait ». L'inconscient de Jésus fonctionnait comme une machine à effacer les fautes, à « purifier ».

Jésus prétendait « sauver des péchés ». Le nom de Jésus signifie d'ailleurs « Yahvé sauve ». Cette importante fonction parentale était restée en retrait jusqu'à Jésus. Le Dieu juif était surtout craint pour ses lois et sa colère. Jésus, qui était inconsciemment aimé de son surmoi, s'appesantissait sur cet autre aspect paternel. Le père, en même temps qu'il gronde et réprime, aime et protège. Jésus mettait l'accent sur ce second versant plus sympathique, par projection mythique de son propre rapport inversé entre moi et surmoi. Une partie de son succès s'explique par le fait qu'il se focalise sur le côté positif du père.

Le renversement social promu par Jésus, qui relève également d'une projection mythique, est tout aussi intéressant.

« Ainsi les derniers seront les premiers, et les premiers seront les derniers. »[186]

Jésus gardait un chien de sa chienne aux riches. Cette haine renvoyait au complexe d'Œdipe. Jésus promettait un mauvais sort à ceux qui dominent. Les riches symbolisent un père contraignant en opposition avec le moi. Ce paradis promis par Jésus est en ce sens un lieu où le moi cesse d'avoir un supérieur, un surmoi répressif. C'est encore le mythe de l'âge d'or. Que les pauvres passent en premier, en inversant l'ordre social, revient à renverser le père, et à réaliser le désir œdipien de tuer les dirigeants. Quel tort peuvent bien avoir les riches ? Dans l'inconscient de Jésus, c'est assez simple : ils sont impurs, ils sont souillés de ce symbole excrémentiel qu'est l'argent. Jésus vouait toute la haine de ses pulsions agressives à ceux qui n'avaient pas sublimé leur attrait pour l'argent, lui-même dérivé de l'intérêt pour les excréments. En d'autres termes, il fallait, comme lui, avoir sublimé deux fois. C'était encore une transposition de ses propres rapports internes sur les relations sociales en général. Sa structure psychotique faisait de lui un rebelle mégalomaniaque ne supportant aucun supérieur.

La notion de « résurrection » est une projection mythique du ça dans son ensemble. Nous avons dit que l'inconscient ignore le temps. Dans le ça, nous sommes éternels, ce que Jésus projetait dans la réalité. Quand bien même ce dernier n'aurait pas lui-même inventé ce conte à dormir debout, son esprit n'en était pas moins respecté. Dans le mythe de la résurrection se retrouve

---

186. *Matthieu* (20 : 1-16).

un goût certain pour la négation du passage du temps, ce qui caractérise le fonctionnement de l'inconscient, et plus encore de l'inconscient collectif.

Jésus avait fait une autre mégaprojection, capitale pour lui. C'est sa fameuse « bonne nouvelle », le bonheur qu'il annonçait aux « bienheureux ». En réalité, ce bien-être est issu de l'inconscient, comme l'atteste le fait qu'il soit promis pour le ciel. Conformément aux résultats de l'analyse du cas Jésus, ce bonheur était le sien, interne. Il représente l'absence de tension entre moi et surmoi, le fait de fusionner avec l'archétype du père, et d'être à soi-même son propre maître. Voilà la bonne nouvelle qu'annonçait Jésus : il existe un univers où les hommes vivent heureux, sans faute ni mauvaise conscience… c'est celui de son propre inconscient – un univers de psychotique.

Les mécanismes psychologiques qui précèdent devraient permettre d'examiner quelques-unes des étranges paraboles de Jésus, qui constituent en fait des allusions allégoriques à certaines structures et autres archétypes de l'inconscient collectif. Elles proposent notamment des satisfactions symboliques à toutes les sources de plaisir infantile, inconscientes chez l'adulte, selon leurs trois stades.

Pour le stade oral, commençons avec cet étrange délire de Jésus :

« Je suis le pain de vie. Vos pères ont mangé la manne dans le désert, et ils sont morts. C'est ici le pain qui descend du ciel, afin que celui qui en mange ne meure point. Je suis le pain vivant qui est descendu du ciel. Si quelqu'un mange de ce pain, il vivra éternellement ; et le pain que je donnerai, c'est ma chair, que je donnerai pour la vie du monde. Là-dessus, les Juifs discutaient entre eux, disant : Comment peut-il nous donner sa chair à manger ? Jésus leur dit : En vérité, en vérité, je vous le dis, si vous ne mangez la chair du Fils de l'homme, et si vous ne buvez son sang, vous n'avez point la vie en vous-mêmes. Celui qui mange ma chair et qui boit mon sang a la vie éternelle ; et je le ressusciterai au dernier jour. Car ma chair est vraiment une nourriture, et mon sang est vraiment un breuvage. Celui qui mange ma chair et qui boit mon sang demeure en moi, et je demeure en lui. Comme le Père qui est vivant m'a envoyé, et que je vis par le Père, ainsi celui qui me mange vivra par moi. C'est ici le pain qui est descendu du ciel. Il n'en est pas comme de vos pères qui ont mangé la manne et qui sont morts : celui qui mange ce pain vivra éternellement. »[187]

Freud explique ces propos paradoxaux :

« Dans le mythe chrétien, le péché héréditaire de l'homme est indubitablement un péché commis contre Dieu le Père. Si donc le Christ acquitte les hommes du poids du péché héréditaire en sacrifiant sa propre vie, il nous contraint alors à cette conclusion que ce péché fut un acte meurtrier. D'après la loi du talion, profondément enracinée dans la sensibilité humaine, un meurtre ne peut être expié que si on sacrifie une autre vie ; l'autosacrifice renvoie à une coulpe de sang. Et si le sacrifice qu'on fait de sa propre vie amène à la réconciliation avec Dieu le Père, le crime à expier n'a pu être autre que le meurtre perpétré sur le père. »[188]

L'explication de Freud est limpide. Elle permet d'ouvrir les développements suivants. Jésus était en réconciliation interne, son surmoi et son moi n'étaient pas en opposition. Or il proposait le même « contrat », qu'il a signé avec son père, à ses disciples. Il voulait s'insinuer en eux comme son père était entré en lui, c'est-à-dire positivement. Il proposait son propre rapport œdipien inversé à ses disciples, en se faisant leur père « intégré ».

---

187. *Jean* (6 : 48-58), voir aussi *Matthieu* (26 : 26-28).
188. Freud (Sigmund), *Totem et tabou*, chapitre III, « Animisme, magie et toute-puissance des idées », partie IV, in *Œuvres complètes. Psychanalyse*, *op. cit.*, tome XI, p. 374.

Cette bizarrerie symbolique, qui constitue un délire issu des structures collectives de l'inconscient, permettait à Jésus d'obtenir du crédit auprès de ses auditeurs sur plusieurs niveaux. En donnant sa vie en tant que fils, il fascinait immédiatement les hommes ayant un surmoi réprobateur. Il soulageait leur obscure mauvaise conscience, en effaçant leur faute inconsciente, à savoir le désir de meurtre du père. Ce faisant, il s'immisçait dans leur inconscient : il se proposait de les nourrir et de mourir pour eux. C'est le stade oral. Non content d'avoir effacé la faute œdipienne, il permettait de l'assouvir en toute impunité. Manger un Jésus qui donne sa vie et endosse le rôle de maître, revenait pour le disciple à tuer un autre père – Jésus lui-même –, lequel prétendait abandonner tout aspect négativement supérieur et contraignant, un père absolument sympathique, idéal pour l'inconscient, un père déjà tué. Il ne conservait que l'aspect agréable du père, l'amour. C'était un père « prêt-à-aimer », parfait pour une fusion entre le moi et le surmoi. C'était une bonne nouvelle, une perspective de bonheur atemporel.

Jésus faisait coup double. Il donnait sa vie de fils pour soulager le désir de meurtre inconscient du père. Et il proposait au disciple, en se faisant manger, d'intégrer en lui son propre rapport positif au père. Ce mécanisme permet d'éclaircir le sens des phrases de ce genre :

« C'est ainsi que le Fils de l'homme est venu [...] pour [...] donner sa vie comme la rançon de beaucoup. »[189]

Un troisième registre inconscient s'y ajoutait : Jésus se faisait également mère, avec le mythe de la nourriture éternelle, comme souvenir refoulé du sein abondant. Il jouait ainsi sur tous les tableaux inconscients.

---

189. *Matthieu* (20 : 28).

Jésus satisfaisait symboliquement le premier stade de l'homme, le stade oral, qu'il agrémentait d'une satisfaction œdipienne, tant du côté du père que de la mère. Il promettait de la nourriture pour toujours. Mais après avoir bien mangé, survient le moment de la déjection. Tout comme après le stade oral arrive le stade sadique-anal, stade où le très jeune enfant prend plaisir à souiller les objets de son entourage, et lui-même.

« Regardez les oiseaux du ciel ; ils ne sèment ni ne moissonnent, et ils n'amassent rien dans les greniers ; et votre Père céleste les nourrit. Ne valez-vous pas beaucoup plus qu'eux ? »[190]

Jésus interdisait l'accumulation pécuniaire. C'était aller violemment à l'encontre d'un contexte social qui appréciait hautement l'argent et le commerce. Jésus devait proposer une compensation de taille pour satisfaire son auditoire. La solution était simple, il devait proposer une éternelle satisfaction des besoins économiques, à leur racine, dans l'inconscient. Le détour de la sublimation, « dans le ciel », permet de satisfaire cette fascination pour la richesse, qui dans l'inconscient correspond au plaisir infantile de la rétention des selles. Jésus proposait une éternelle satisfaction du besoin de droiture morale et des désirs d'ordre sadique-anal, par le biais d'une double sublimation, des excréments vers l'argent, puis de celui-ci vers le paradis.

Celui qui accepte l'enseignement de Jésus est toujours repu. Il s'élève avec Jésus dans la double sublimation du stade anal : Jésus détestait autant l'impureté réelle que l'impureté symbolique, l'argent. Il en exigeait autant de ses disciples, transformant une fois de plus en ordre universel ce qui ne valait que pour son fonctionnement inconscient. Il rattachait toujours la faute, la souillure, à des productions anales. Ayant doublement sublimé ce

---

190. *Matthieu* (6 : 26).

stade, il proposait en échange un bien immatériel : son inconscient heureux, son surmoi positif. Mais comment procéder ?

La réponse est dans la parabole, implicitement. Le fait que Jésus parle de Père céleste qui « nourrit » les oiseaux, représente une piste à suivre. Nous retrouvons là le motif de la nourriture céleste, donc éternelle. Jésus s'était donné lui-même comme nourriture. Il voulait être assimilé à la place d'une nourriture terrestre, comme source de bonheur supérieur et infini. L'accumulation d'argent devenait inutile ; à la place, c'est son enseignement qu'il fallait accumuler. Une fois cet enrichissement digéré, il ne fallait pas le rejeter, comme le montre une autre parabole :

« Ce n'est pas ce qui entre dans la bouche qui souille l'homme ; mais ce qui sort de la bouche, c'est ce qui souille l'homme. »[191]

Le corps séparé de l'âme désigne le ça distinct du moi, l'inconscient de la conscience. Le corps dans son ensemble produit des excréments (ou de la vomissure). Autrement dit, le corps dévalorisé renvoyait au ça jugé comme sale. Il devait subir la purification de Jésus. Comment celui-ci pouvait-il réfréner les envies du ça, surtout celles issues du caractère anal, désirs d'impureté et de destruction ?

Dans l'inconscient, manger et tuer reviennent au même. Le nourrisson, qui dévore sur le mode fantasmatique le sein de la mère, la mange. Le mythe du cannibalisme en est issu, la faute suprême consistant à tuer le père, en le mangeant. Manger le père pour le détruire, c'est acquérir sa puissance. Une fois digéré, des excréments ressortent, que symbolise l'argent – celui-ci étant sale, donc fautif selon Jésus. Ce dernier interdisait de laisser ressortir ce qui est entré par la bouche. Qu'est-il entré dans la bouche de ses disciples ?

---

191. *Matthieu* (15 : 11).

C'était lui-même, à nouveau, c'est-à-dire ses enseignements, en particulier son rapport interne positif entre son surmoi et son moi. Ce qui entrait dans la bouche du disciple, c'était Jésus comme surmoi ambulant.

Il entrait dans le corps de ses adeptes pour les purifier, c'est-à-dire pour nettoyer leurs fautes, et ne jamais ressortir sous forme d'excréments, ou d'argent, ou de puissance. Il entrait dans leur surmoi pour les contrôler de l'intérieur et les obliger à rester petits. Ses auditeurs devaient lui obéir parce qu'ils l'avaient incorporé dans leur surmoi, tout comme le moi de Jésus se situait dans son propre surmoi, identifié à Dieu.

En mangeant Jésus, comme figure paternelle, le disciple était censé pouvoir devenir à soi-même son propre père, comme Jésus. Ainsi fallait-il manger l'enseignement spirituel de Jésus, le conserver, et recracher les nourritures terrestres, impures.

Après avoir satisfait, inconsciemment et sur le mode symbolique, le stade oral puis le stade sadique-anal de l'auditeur, Jésus proposait de remplacer également les satisfactions du troisième stade, phallique.

« Si ta main ou ton pied sont pour toi une occasion de chute, coupe-les et jette-les loin de toi ; mieux vaut pour toi entrer dans la vie boiteux ou manchot, que d'avoir deux pieds ou deux mains et d'être jeté dans le feu éternel. Et si ton œil est pour toi une occasion de chute, arrache-le et jette-le loin de toi ; mieux vaut pour toi entrer dans la vie, n'ayant qu'un œil, que d'avoir deux yeux et d'être jeté dans le feu de la géhenne. »[192]

Nietzsche répond :

« La formule la plus célèbre se trouve dans le Nouveau Testament, dans ce "Sermon sur la montagne" où, entre parenthèses, les choses ne sont nullement vues *de haut*. Il y est, par

_______________

192. *Matthieu* (18 : 8-9), voir aussi *Marc* (9 : 42-48).

exemple, dit – ceci s'appliquant à la sexualité : "Si ton œil est pour toi une occasion de faute, arrache-le." »[193]

Comme pour conforter Nietzsche, Freud affirme que l'œil représente symboliquement le testicule. Arracher son œil revient à se châtrer. Mais ici, il est curieux de voir Jésus proposer de se castrer soi-même, comme condition d'entrée au paradis plutôt qu'en enfer.

En quoi quelqu'un se punissant lui-même accéderait-il au bonheur de la réconciliation interne plutôt qu'à l'enfer de la mauvaise conscience ? En ceci que se punir soi-même revient à devenir son propre père, comme castrateur, et ne plus recevoir de contrainte extérieure. Cet acte retourné contre soi permet de ne plus ressentir l'angoisse due à la menace de castration par un père extérieur, symbolique de la punition du moi par le surmoi. Là encore apparaît le motif de la fusion psychotique de Jésus avec lui-même, qui impliquait de ne pas recevoir d'ordres extérieurs.

Une immense différence demeure, entre Jésus et ses disciples, qui ne sera jamais comblée. Elle réside dans le fait que Jésus se donnait lui-même ses principes, de l'intérieur, tandis que les autres les recevaient de l'extérieur, à savoir de lui, Jésus. Se castrer soi-même constituait l'unique façon d'appliquer les conseils de Jésus sans être Jésus. C'était la seule issue pour conserver une illusion de décision paternelle, sans s'être donné à soi-même ses lois, tout en ne craignant plus de punition, de castration. C'était un paradis d'occasion. Un paradis artificiel.

Se castrer soi-même, en intégrant Jésus, revenait à s'identifier à un père apparemment sympathique, ce qui permettait de se croire père sans avoir à renverser un autre père, sans craindre d'être puni (castré) par un méchant père, puisque Jésus se présentait comme

---

193. NIETZSCHE (Friedrich), *Crépuscule des Idoles*, « La morale, une anti-nature », §
1, in *Œuvres philosophiques complètes*, Paris, Gallimard-NRF, 1990, tome VIII, p. 82.

un enfant. Cette automutilation symbolisait le fait qu'on acceptait ce que Jésus réclamait sans cesse : l'innocence, c'est-à-dire un état infantile, où l'on ne se donne pas à soi-même des lois, mais sans souffrir du poids angoissant des lois et des punitions.

Ce mécanisme apparaît clairement dans une autre parabole utilisant également l'œil :

« Pourquoi vois-tu la paille qui est dans l'œil de ton frère, et n'aperçois-tu pas la poutre qui est dans ton œil ? »[194]

Cette parabole célèbre fut construite par projection. Jésus voyait plus volontiers les fautes des autres que les siennes, en bon paranoïaque qui se respecte.

Pourquoi Jésus utilisait-il ces symboles bizarres, d'une paille et d'une poutre, sachant que l'œil, comme testicule, représente la prétention à se faire père ?

Paille et poutre sont des symboles phalliques, représentant le pénis en érection. Leur assemblage désignait les pulsions du ça, avec l'œil-testicule comme source de paternité et la poutre-phallus comme moyen de l'acte sexuel. Sachant que Jésus conseillait de se castrer soi-même plutôt que de commettre une faute, il semblait ordonner de renoncer également au plaisir du coït.

Le phallus, outre un moyen de coït, représente aussi la fierté masculine. Cette parabole évoque alors le mythe prosaïque du plus gros phallus comme symbole de virilité accrue, comme domination des autres hommes. Inciter à ne pas regarder la petite fierté du voisin pour se concentrer sur son propre gonflement d'orgueil, revenait à exiger des plus puissants qu'ils renoncent eux-mêmes à leur supériorité, pour se faire enfants de Jésus.

---

194. *Matthieu* (7 : 3).

« *Le christianisme entend venir à bout de fauves* : sa méthode consiste à les rendre *malades* – l'affaiblissement est la recette chrétienne de l'*apprivoisement*, de la "civilisation". »[195]

Ainsi Jésus a-t-il satisfait à jamais le stade oral en se donnant comme nourriture éternelle, pour compenser le meurtre et la consommation du père, tout en se faisant lui-même mère nourricière. Il a assouvi les désirs du stade sadique-anal en proposant de laver toutes les fautes, en particulier celle de tuer et salir. Il interdisait d'accumuler de l'argent, ordonnant de le garder, lui Jésus, à l'intérieur de soi (après l'avoir mangé). Il défendait de jouir des excréments issus de la consommation du père tué. En échange, il offrait un cadeau (symbole excrémentiel) : il offrait une richesse éternelle et pure contre des biens matériels, dont l'accumulation est toujours limitée. Enfin, il a satisfait le stade phallique en proposant de se punir soi-même, pour revenir à l'innocence infantile sous la gouverne d'un père sympathique. En fait, cette action étonnante calme l'angoisse, issue de la crainte inconsciente d'une réprimande paternelle, à savoir la peur d'être castré par le père, pour avoir désiré la mère.

Pour le dire plus synthétiquement encore, Jésus proposait de se donner à manger en vue d'obtenir un rapport positif au père, de ne conserver que lui-même comme relation positive interne, en rejetant les biens matériels, et enfin de castrer toute velléité de se faire père ou puissant à son tour. L'admirable unité de ces trois niveaux de satisfaction saute aux yeux. À chaque fois, Jésus proposait symboliquement la réconciliation avec le père. Il retirait la mauvaise conscience liée à chacun de ces désirs refoulés. En endossant par surcroît le rôle d'une mère, il réglait à lui seul la problématique triangulaire du complexe d'Œdipe : un père tué

---

195. Nietzsche (Friedrich), « L'Antéchrist », in *Œuvres philosophiques complètes, op. cit.*, tome VIII, § 22, p. 179.

en toute impunité, une mère infiniment généreuse, un enfant innocent. Mieux que la Sainte-Trinité, Jésus constituait à lui seul une trilogie œdipienne.

Un argument, susceptible de refroidir quelque peu les zélateurs de l'Immaculée Conception, consiste à remarquer qu'une autre réalisation du complexe d'Œdipe apparaît en filigrane dans les Évangiles, pour un lecteur qui relierait stratégiquement quelques convictions délirantes de Jésus. Si ce dernier existait avant sa naissance[196], si lui et le père ne faisaient qu'un[197], et que sa mère Marie fut enfantée par l'Esprit saint… Heureusement pour Jésus, cette invention de la virginité maternelle n'est sans doute pas à mettre sur son compte, suffisamment chargé par ailleurs.

Une autre série de paraboles relève d'un registre plus abstrait, plus sublimé. Ces paraboles prennent notamment pour point d'appui la métaphore de la lumière. La lumière représente la « conscience », dans les deux sens de « conscience morale » et « façon de voir le monde ». Jésus modifiait effectivement la réalité, en proposant un regard et un éclairage différents. Il prétendait être la lumière du monde, et affirmait éviter les ténèbres à ceux qui le suivaient[198]. Il considérait l'univers à partir de ses propres structures inconscientes. Il le regardait en l'hallucinant. Il transformait le monde en un rêve éveillé.

La lumière désignait la conscience, l'esprit, la raison, le bien, etc. Par opposition, l'obscurité représentait le mal, le ça (durant l'assoupissement, dans le noir, les pulsions remontent, le moi s'évanouit). Quelle était la lumière qu'il prétendait apporter ? De quel bien parlait-il ? D'une détente due à une absence de culpabilité. Outre cette paix intérieure, Jésus apportait de nouvelles

---

196. *Jean* (8 : 58), voir aussi *Matthieu* (19 : 29), (26 : 32).
197. *Jean* (14 : 9-11), voir aussi *Jean* (16 : 15).
198. *Jean* (8 : 12).

règles religieuses, les « bonnes », se faisant lui-même conscience supérieure. La lumière désignait aussi la vérité prétendument produite par sa conscience.

« [...] Si vous demeurez dans ma parole, vous êtes vraiment mes disciples ; vous connaîtrez la vérité, et la vérité vous affranchira. »[199]

Quelle vérité apportait-il ? Celle de son rapport positif œdipien. En fait, Jésus faisait accéder à l'inconscient par le détour du symbole. Sa « vérité » désignait le surmoi inversé de son inconscient, qui libérait... de la mauvaise conscience. « Je suis la lumière du monde » était le moyen symbolique qu'employait Jésus pour dire qu'il était la conscience morale pour tous. Nous avons déjà évoqué une autre parabole, qui utilisait de façon curieuse le motif de la lumière[200]. Jésus y affirmait que celui qui allume la lampe ne la cache pas. Ce faisant, il se désignait lui-même, qui était censé voir et savoir mieux que quiconque. Il pensait voir le royaume de Dieu et ses lois. Il montrait cette lumière aux autres, leur permettant de « voir » à leur tour. Il présentait ses vérités, issues de son inconscient collectif, puis appliquées à la réalité, pour la transfigurer de façon délirante.

Dans la même parabole, Jésus poursuivait en lançant l'idée selon laquelle rien de caché ne le resterait. Il pensait évoquer le regard de Dieu, mais c'était son surmoi qu'il mettait en scène.

S'ensuivait cette phrase mystérieuse selon laquelle on donne à celui qui a, et qu'on ôte à celui qui croit avoir. Celui qui a la lumière de Jésus, sa conscience perçante en quelque sorte, aura le paradis. Ce royaume des cieux renvoie au bonheur de la fusion positive moi-surmoi et à l'éternité de l'inconscient, enfin accessibles par mégaprojection. Celui qui n'a pas la conscience n'aura pas le paradis, il n'aura rien du tout, surtout pas ses richesses. Il

---

199. *Jean* (8 : 31-32).
200. *Luc* (8 : 16-18).

ne lui restera que la mauvaise conscience d'un surmoi opposé au ça, avec les douloureuses conséquences du refoulement.

Enfin, Jésus affirmait qu'il était possible de déplacer ou de supprimer une montagne par la simple force de la foi[201]. Des chrétiens galvanisés des temps anciens s'y essayèrent peut-être, mais aujourd'hui ils s'accorderaient sans doute à n'y voir qu'une image.

Métaphoriquement, ce bouleversement de la réalité par la foi revêt une véritable signification inconsciente. Avec la foi, l'univers paraissait autre. Elle ajoutait un être derrière le monde : Dieu. C'était un changement radical. En particulier, au prix de cette projection mythique, la vie acquérait un sens. La foi changeait réellement le regard du croyant. Voir comme Jésus reviendrait à accepter sa bonne nouvelle, la fin des fautes. Pour les hommes torturés par leur mauvaise conscience, l'univers changerait vraiment.

Ce phénomène n'est dû qu'à un mécanisme inconscient, hélas !

Si la compréhension du cas Jésus a bien avancé, le mystère de son succès auprès des foules s'épaissit d'autant. Au confluent de la schizophrénie et du caractère anal, Jésus s'est révélé profondément paranoïaque – et même mégaparanoïaque, puisque sa mégalomanie engendrait chez lui des projections mythiques.

Mais alors, comment un si grand délirant pouvait-il avoir la moindre incidence sur la foule ? Il communiquait sur un mode obscur, il était agressif et délirait à grande échelle… En outre, comment la foule a-t-elle fait pour se représenter Jésus comme il n'était pas, c'est-à-dire conforme à des valeurs qu'il défendait sans les pratiquer ?

---

201. *Matthieu* (21 : 21-22), *Marc* (11 : 22-24).

# Chapitre V
## Les hystériques guéris

Un athée aurait beau jeu de rejeter en bloc la véracité des guérisons opérées par Jésus, sous prétexte qu'elles lui paraissent inexplicables. Il s'économiserait une réflexion sur un sérieux problème : comment Jésus a-t-il pu guérir tant de malades en se contentant de leur parler ?

Par une telle attitude, cet athée ferait en outre preuve de mauvaise foi. Un grand nombre de témoignages existent, de sources différentes, sur maints faits similaires. Tout comme l'existence historique de Jésus ne peut être niée, ses guérisons ont bien existé, au moins en partie. Voici un mystère qu'un athée doit expliquer concrètement, s'il veut pouvoir nier que Jésus est le fils de Dieu.

D'après les Évangiles, Jésus pouvait guérir un individu « possédé » :

« Il se trouva dans leur synagogue un homme qui avait un esprit impur, et qui s'écria : Qu'y a-t-il entre nous et toi, Jésus de Nazareth ? Tu es venu pour nous perdre. Je sais qui tu es : Le Saint de Dieu. Jésus le menaça, disant : Tais-toi, et sors de cet homme. Et l'esprit impur sortit de cet homme, en l'agitant avec violence, et en poussant un grand cri. Tous furent saisis de stupéfaction, de sorte qu'ils se demandaient les uns aux autres : Qu'est-ce que ceci ? Une nouvelle doctrine ! Il commande avec autorité même aux esprits impurs, et ils lui obéissent ! Et sa renommée se répandit aussitôt dans tous les lieux environnants de la Galilée. »[202]

Jésus semblait également pouvoir guérir les maux physiques d'un individu :

« Jésus, prenant la parole, lui dit : Que veux-tu que je fasse ? Rabouni [Maître], lui répondit l'aveugle, que je recouvre la vue. Et Jésus lui dit : Va, ta foi t'a sauvé. Aussitôt il recouvra la vue, et suivit Jésus dans le chemin. »[203]

Et, toujours mieux, Jésus paraissait capable de guérir des maux à grande échelle :

« En quelque lieu qu'il arrive, dans les villages, dans les villes ou dans les campagnes, on mettait les malades sur les places publiques, et on le priait de leur permettre seulement de toucher le bord de son vêtement. Et tous ceux qui le touchaient étaient guéris. »[204]

Sans recourir à Dieu, comment expliquer que Jésus ait pu guérir tous ces lépreux, paralysés, aveugles, sourds, possédés du démon, fiévreux, prostrés, malades convulsifs, etc. ?

Pour résoudre ce mystère, les découvertes de Freud sur l'hystérie sont d'un précieux secours. Qu'est-ce que l'hystérie ?

L'hystérie comporte une tension pathologique entre surmoi et moi, comme toutes les névroses. Cette tension est issue de l'interdit œdipien concernant les désirs incestueux et les envies asociales en général. Une fois intériorisé, l'interdit fonctionne

---

202. *Marc* (1 : 23-28), voir aussi *Matthieu* (17 : 18), *Luc* (4 : 33-37), (9 : 37-43).
203. *Marc* (10 : 51-53), voir aussi *Matthieu* (9 : 22), *Marc* (5 : 34), *Luc* (5 : 18, 20, 24-25).
204. *Marc* (6 : 56), voir aussi *Matthieu* (8 : 16), (12 : 15), (19 : 2), *Marc* (1 : 33-34), *Luc* (4 : 40-41).

comme une pression permanente sur le moi. Cette tension crée d'une part des conflits inconscients, de l'autre une volonté d'adaptation à la réalité sociale. Quand le névrosé sort de la norme, par son comportement ou ses paroles, il ressent de l'angoisse ou de la mauvaise conscience. Il s'échine alors à revenir dans la normalité.

Avec l'hystérie, ces conflits inconscients empruntent une voie d'expression particulière : celle du corps. On parle alors de « somatisation ». Les symptômes des hystériques s'expriment sous mille formes, aussi variées que chatoyantes, mais le corps est toujours leur moyen d'expression. L'hystérie n'est pas une fausse maladie, une maladie imaginaire. Elle constitue une véritable maladie, quoique d'origine psychologique.

Le principe fondamental en est l'imitation d'une maladie physique. À la fin du XIX<sup>e</sup> siècle, les hystériques imitaient massivement l'épilepsie. L'hystérique de l'époque faisait sa grande scène de perte de conscience, de convulsion épileptique, avec les yeux révulsés et la langue pendante, en agitant les membres de façon désordonnée, etc. Les hystériques imitent ainsi un grand nombre de maladies ou de maux physiques. Ils développent notamment des problèmes de peau, de respiration, de douleurs diverses, de dysfonctionnement des membres, parfois jusqu'à la paralysie, et de déficience d'organes sensoriels, qui peuvent atteindre une cécité ou une surdité complète, etc.

Dans tous ces cas, l'imitation demeure assez fine pour tromper les néophytes, mais pas les médecins – du moins pas les médecins modernes. Ceux-ci, grâce aux tests et au savoir supérieur de notre époque, savent différencier efficacement une maladie physique d'une simple hystérie.

Ce n'était pas le cas du temps de Jésus.

La personnalité de l'hystérique est marquée par cette utilisation du corps comme moyen d'expression pathologique. Dans la vie quotidienne, le théâtralisme est courant. L'hystérique met en route une sorte de spectacle permanent, dramatisant les situations les plus anodines ou amplifiant les histoires les plus quelconques, avec force gestes et mimiques outrancières. Il endosse souvent des rôles sociaux assez typiques, de l'animation au théâtre, en passant par les métiers relationnels, bref tout ce qui implique une représentation corporelle devant les autres.

L'hystérie se soigne bien aujourd'hui. Freud a trouvé des voies d'accès à l'inconscient, comme le rêve ou les associations d'idées. Ces chemins permettent d'atteindre les causes psychiques des maux physiques.

Déjà, avant Freud, l'hypnose était utilisée. Elle permettait un accès direct à l'inconscient des malades. Avec un confrère médecin, Breuer, Freud est parvenu à guérir les symptômes particulièrement coriaces d'une malade surnommée Anna O. L'hypnose consiste à endormir le sujet, qui rêve alors, tout en fixant son attention sur la voix impérieuse de l'hypnotiseur. Celui-ci incarne littéralement le rôle du surmoi, et suggère au patient des sensations fausses, comme en rêve. Dans cet état, l'hypnotisé peut accéder à des souvenirs refoulés de sa conscience. Il se rappelle les scènes traumatisantes à l'origine de ses symptômes. Dans ce cas, l'hypnotiseur devient un véritable guérisseur, grâce à l'ascendant psychique que lui accorde l'hypnotisé. Cet ascendant particulier peut se comparer à celui du surmoi sur le moi. L'hypnotiseur représente le surmoi de l'hypnotisé, et peut agir sur son inconscient. Avec cette méthode, Breuer et Freud ont réussi à supprimer des symptômes pathologiques d'Anna O., en accédant à ses souvenirs traumatisants. Elle développait notamment le curieux symptôme d'un violent dégoût pour l'eau. Ils découvrirent que l'origine de cette aversion pathologique était le fait d'avoir vu un chien boire dans un verre destiné aux hommes, scène qu'elle avait depuis oubliée. Elle s'était en plus refusée à marquer sa colère et son écœurement sur le moment. Sous hypnose, elle put se ressouvenir de ce traumatisme originaire, tout en exprimant sa rage et son haut-le-cœur jusqu'ici réprimés. Dès lors, le symptôme du dégoût de l'eau disparut à jamais[205].

Toutefois, l'hypnose est très limitée. Ses effets ne sont que provisoires, bien que spectaculaires. D'autres symptômes ne tardent pas à apparaître sous des formes différentes. Pour cette raison, Freud abandonna l'hypnose. Il inventa une technique plus efficace sur le long terme, qui remonte plus loin dans l'inconscient : la psychanalyse…

Nous pouvons appliquer les précédents acquis aux guérisons, supposées miraculeuses, obtenues par Jésus. Les paralysés, aveugles, sourds, possédés du démon, fiévreux, prostrés, malades convulsifs, etc., qu'il a soignés, étaient des hystériques. Leurs symptômes résultaient tous d'une somatisation de leurs problèmes psychologiques. Quand les hommes de cette époque disaient « possédé du démon », ils employaient une métaphore qui s'ignorait. Elle désignait la prise de pouvoir de l'inconscient sur le corps, comme dans le somnambulisme. « Être possédé du démon » signifie que le moi est débordé par les conflits issus du ça, et ne parvient plus dès lors à contrôler le corps…

Le cas des lépreux paraît plus problématique. La lèpre, étant due à un bacille, relève d'une franche maladie physique. Aucune chance que Jésus ait pu réellement soigner un tel mal. En revanche, et c'est là que le bât blesse, elle se manifeste par des taches sur la peau. Nous pouvons deviner que l'hystérie de l'époque devait imiter la lèpre. Aujourd'hui, une foule de maladies de la peau

---

205. Voir Freud (Sigmund) et Breuer (Joseph), *Études sur l'hystérie*, Paris, PUF, coll. « Bibliothèque de psychanalyse », 1992, et pour son résumé, Freud (Sigmund), *Cinq leçons sur la psychanalyse*, Paris, Payot, coll. « pbp 84 », 1986.

peuvent avoir une origine hystérique, comme le psoriasis, l'eczéma, l'acné, etc. Autrement dit, Jésus soignait des hystériques imitant la lèpre, et non les véritables lépreux.

Arrêtons-nous un instant sur l'une des scènes de guérison censément miraculeuse, pour mieux y reconnaître le travail psychologique de Jésus (nos commentaires sont placés entre crochets) :

« Maître, j'ai amené auprès de toi mon fils, qui est possédé d'un esprit muet [traduction : un blocage inconscient l'empêchait de parler]. En quelque lieu qu'il le saisisse, il le jette par terre ; l'enfant écume, grince des dents, et devient tout raide [c'était une crise d'hystérie]. [...] Et aussitôt que l'enfant vit Jésus, l'esprit l'agita avec violence [Jésus, avec son charisme, impressionna l'enfant et son ça] ; il tomba, et se roulait par terre en écumant. Jésus demande au père : Combien y a-t-il de temps que cela lui arrive ? Depuis son enfance, répondit-il. Et souvent l'esprit l'a jeté dans le feu et dans l'eau pour le faire périr. Mais, si tu peux quelque chose, viens à notre secours, aie compassion de nous. Jésus lui dit : Si tu peux !… Tout est possible à celui qui croit. [La croyance en l'autorité de Jésus était fondamentale, c'est elle qui permettait l'hypnose, sans parler de l'effet placebo]. Aussitôt le père de l'enfant s'écria : je crois ! viens au secours de mon incrédulité ! Jésus, voyant accourir la foule, menaça l'esprit impur, et lui dit [le ton était très important, Jésus prenait un ton sentencieux et supérieur, typique du paranoïaque, pour incarner le surmoi du malade ; c'était de l'hypnose directe] : Esprit muet et sourd, je te l'ordonne, sors de cet enfant, et n'y rentre plus. Et il sortit, en poussant des cris, et en l'agitant avec une grande violence [c'était ici un travail identique, mais avec les croyances de l'époque, au travail de Breuer et de Freud, par l'hypnose, sur les symptômes d'Anna O.]. L'enfant devint comme mort, de sorte que plusieurs disaiait qu'il était mort [le processus étant inconscient, l'enfant perdait provisoirement conscience]. Mais Jésus, l'ayant pris par la main, le fit lever. Et il se tint debout. »[206]

Ce que ne dit pas l'histoire, bien entendu, c'est que les effets de l'hypnose, comme nous l'avons signalé, sont provisoires et partiels. Freud et Breuer n'ont pas accordé à leur patiente une simple visite ponctuelle.

Le mécanisme de la guérison miraculeuse se jouait à deux. D'un côté un hystérique victime de conflits inconscients, de l'autre un hypnotiseur naturel, qui utilisait son charisme pour entrer en communication directe avec le ça du malade, tel un surmoi ambulant. C'était une sorte de psychothérapie-minute.

Aujourd'hui encore, de tels « guérisseurs » sont à l'œuvre, en particulier en Afrique noire. Ils représentent l'équivalent des exorcistes médiévaux. Mais si un Occidental, rationnel autant qu'athée, va les voir, il y a peu à espérer pour son taux de cholestérol ou son diabète. Ces guérisseurs, comme Jésus, ne peuvent soigner, et rarement guérir, que les maladies psychosomatiques sensibles à la suggestion hypnotique. Pour obtenir un résultat avec un hystérique, deux conditions doivent être réunies : disposer d'un guérisseur charismatique, et croire *a priori* à ses mythes. Un mégaparanoïaque fait idéalement l'affaire.

À l'époque, certains crédules pouvaient croire très profondément aux mythes inventés par Jésus. En Occident, ce n'est plus le cas. De nos jours, l'origine des maux psychosomatiques n'est que trop connue. Les médecins en cherchent la cause là où elle se trouve : dans l'inconscient, et non plus dans le ciel. Il n'est rien d'étonnant à ce que l'Occident ne connaisse plus de guérison à la Jésus. Malgré toute sa bonne volonté et son charisme, Mère

---

206. *Marc* (9 : 17-29).

Teresa n'a jamais pu se contenter de dire aux lépreux véritables « lève-toi tu es guéri ».

Mais l'aventure de la guérison ne s'arrête pas là. Du fait de leur personnalité très démonstrative, les hystériques soignés allaient clamer partout ce qui leur était arrivé. Le guérisseur en tirait le bénéfice d'une sorte de publicité naturelle :

« Sa renommée se répandait de plus en plus, et les gens venaient en foule pour l'entendre et pour être guéris de leurs maladies. »[207]

Ces mécanismes constituent un premier élément pour expliquer le succès de Jésus. De son temps, ces guérisons paraissaient miraculeuses. Les causes naturelles, que sont les mécanismes de l'inconscient, n'étaient pas connues.

En résumé, un mégaparanoïaque d'un côté, et des hystériques de l'autre, engendrent des guérisons apparemment miraculeuses et de la publicité en prime. Mais de là à ce que des foules croient aux délires mégalomaniaques de Jésus, exprimés avec exigence et agressivité dans un langage ésotérique, un pas reste à franchir. Et comment les foules ont-elles pu voir en Jésus l'incarnation des qualités qu'il prônait, alors qu'il en était sensiblement dépourvu ?

207. *Luc* (5 : 15), voir aussi *Luc* (4 : 36-37).

# Chapitre VI
## Les moutons névrosés obsessionnels

Comme en témoignent les Évangiles, Jésus semblait posséder un charisme particulier. Sa parole envoûtait littéralement l'auditeur crédule. Sa force de conviction pouvait emporter l'adhésion d'un homme, ou de quelques hommes, en face à face :

« [Après avoir rencontré quelques pêcheurs] Alors Jésus dit à Simon : Ne crains point ; désormais tu seras pêcheur d'hommes. Et, ayant ramené les barques à terre, ils laissèrent tout, et le suivirent. »[208]

Quand il est écrit qu'ils le suivirent, ce n'était pas un mince engagement :

« Pierre [dit à Jésus] : Même s'il me fallait mourir avec toi, je ne te renierai pas. Et tous les disciples dirent la même chose. »[209]

Même des personnes *a priori* hostiles, chargées de l'arrêter, tombaient sous son charme délétère :

« Ainsi les huissiers retournèrent vers les principaux sacrificateurs et les pharisiens. Et ceux-ci leur dirent : Pourquoi ne

---

208. *Luc* (5 : 10-11), voir aussi *Matthieu* (4 : 20), (4 : 22), (9 : 9), *Marc* (1 : 16-20), (2 : 14), *Luc* (18 : 28).
209. *Matthieu* (26 : 35).

l'avez-vous pas amené ? Les huissiers répondirent : Jamais homme n'a parlé comme cet homme. »[210]

Jésus semblait capable de faire passer ses plus grands délires :

« Et vous, leur dit-il, qui dites-vous que je suis ? Simon Pierre répondit : Tu es le Christ, le Fils du Dieu vivant. »[211]

Dès lors s'ouvrait à lui la perspective de séduire des foules entières. La venue préalable de ses disciples était comme la préparation de la tournée d'une vedette. Effectivement, Jésus ne dédaignait pas, à l'occasion, quelques effets spectaculaires :

« Une grande foule s'étant assemblée auprès de lui, il monta dans une barque, et il s'assit. Toute la foule se tenait sur le rivage. »[212]

Dès lors, il réussissait avec la foule ce qu'il réalisait avec quelques-uns :

« Après que Jésus eut achevé ces discours, la foule fut frappée de sa doctrine ; car il enseignait comme ayant autorité, et non pas comme leurs scribes. »[213]

« [...] tout le peuple l'écoutait avec admiration. »[214]

Une fois l'« effet boule de neige » enclenché, sa réputation le précédait :

« Lorsqu'il entra dans Jérusalem, toute la ville fut émue, et l'on disait : Qui est celui-ci ? La foule répondait : C'est Jésus, le prophète, de Nazareth en Galilée. »[215]

Tant et si bien que Jésus n'avait plus besoin d'aller vers les foules :

« Jésus se retira vers la mer avec ses disciples. Une grande multitude le suivit de la Galilée ; et de la Judée, et de Jérusalem, et de l'Idumée, et d'au-delà du Jourdain, et des environs de Tyr et

---

210. *Jean* (7 : 45-46).
211. *Matthieu* (16 : 15-16), voir aussi *Jean* (8 : 30).
212. *Matthieu* (13 : 2-3).
213. *Matthieu* (7 : 28-29), voir aussi *Luc* (4 : 31-32).
214. *Luc* (19 : 48), voir aussi *Marc* (12 : 37).
215. *Matthieu* (21 : 10-11).

de Sidon, une grande multitude, apprenant tout ce qu'il faisait, vint à lui. »[216]

Et pour finir, la gloire :

« Jésus, revêtu de la puissance de l'Esprit, retourna en Galilée, et sa renommée se répandit dans tout le pays d'alentour. Il enseignait dans les synagogues, et il était glorifié par tous. »[217]

Dans ces conditions, notre question revient avec insistance : comment Jésus a-t-il pu séduire d'abord quelques individus, puis des foules, et enfin des générations et des générations d'hommes, qui ne le connurent qu'à travers ses paroles rapportées ?

Pour progresser dans l'enquête sur le succès de Jésus, Freud nous a laissé une clef extrêmement précieuse. Il a déclaré : « La religion serait la névrose de contrainte universelle de l'humanité ; comme celle de l'enfant, elle serait issue du complexe d'Œdipe, de la relation au père. »[218] Nous devons alors orienter nos recherches en nous demandant en quoi consiste cette « névrose de contrainte », dite aussi « névrose obsessionnelle ».

Examinons d'abord ses symptômes[219].

Les obsessions sont de mauvaises pensées qui assiègent le sujet, contre sa volonté et sur un mode désagréable. Ce peuvent être des pensées ordurières, des fantasmes sexuels, des souhaits de meurtre, etc. Le sujet met en œuvre des procédés tactiques pour conjurer ces obsessions, procédés apparentés à un rituel magique. La compulsion est un acte auquel le sujet se sent contraint bien qu'il le reconnaisse absurde. Il ne peut s'empêcher

---

216. *Marc* (3 : 7-8), voir aussi *Matthieu* (13 : 13), (20 : 29), *Marc* (2 : 1-2), (3 : 20), (8 : 1), (5 : 21, 24), *Luc* (4 : 42), (12 : 1), (21 : 38).
217. *Luc* (4 : 14-15), voir aussi *Matthieu* (4 : 24), *Marc* (11 : 9-10).
218. Freud (Sigmund), « L'avenir d'une illusion », in *Œuvres complètes. Psychanalyse*, Paris, PUF, 1994, tome XVIII, p. 184.
219. Lemperière (Thérèse) et Féline (André) *et al.*, *Psychiatrie de l'adulte, op. cit.*, chapitre IX, « La névrose obsessionnelle ».

de l'accomplir de façon répétitive. Les rites « conjuratoires » s'appuient sur l'impression de toute-puissance des pensées, comme si celles-ci pouvaient agir sur le cours matériel des événements. Cette superstition consiste également dans la croyance en des entités invisibles, généralement des esprits ou des pouvoirs d'action à distance par la pensée. Ils croient en des mythes, avec une avidité pathologique.

Les objets de ces obsessions peuvent être une idée concrète (mot, chose, chiffre), ou abstraite (une question métaphysique sur la vie et la mort, Dieu, etc.), ou encore le comportement du sujet (a-t-il eu raison d'agir ainsi ? n'a-t-il pas oublié de faire quelque chose ?). Ces malades nourrissent une prédilection pour les questions indécidables. Ils craignent souvent la présence d'un objet, même en son absence (au contraire de la phobie). En d'autres termes, ils ont pour trait de personnalité une hésitation permanente.

Enfin, l'obsessionnel est souvent très ordonné, logique et scrupuleux, pour contrer efficacement ses objets de crainte.

Quels sont les mécanismes inconscients de ces curieux symptômes ? Le névrosé obsessionnel passe son temps à accomplir des rituels, en pensée ou en acte, pour chasser son angoisse. Celle-ci est liée non pas au corps, comme dans l'hystérie, mais à des pensées. Elle a pour origine un conflit inconscient entre le surmoi et le ça. Comme tout névrosé, l'obsessionnel possède un surmoi très répressif, issu d'un complexe d'Œdipe positif. Tuer le père, d'un côté, aimer la mère, de l'autre, sont classiques. Agressivité et sexualité sont à leur source. Mais un troisième élément s'y ajoute, issu du stade anal. Un désir de saleté va contaminer, c'est le cas de le dire, la sexualité et l'agressivité habituelles dans l'inconscient. Pour empêcher la remontée de ces motions refoulées à la conscience, ou pire encore pour éviter de réaliser ces actes répréhensibles, le névrosé obsessionnel accomplit ses rituels absurdes. Ceux-ci occupent son attention en la détournant des mauvaises pensées.

Les possibilités sont nombreuses et bien connues. Ce sont souvent des rituels de propreté (pour contrer les désirs de saleté), avec une obsession pour la pureté, par peur de contamination. Le névrosé obsessionnel est très superstitieux, il a peur de la contagion. Une pensée taboue risque d'en contaminer une autre, et la chaîne de ces idées proscrites ne cesse de s'allonger, d'où d'innombrables rituels « antitabous ». Le névrosé obsessionnel essaie de s'enfermer dans une tour d'ivoire pour ne pas être touché par la souillure, le désir de violence et la sexualité déviante. Ces mauvaises pensées étant particulièrement susceptibles de surgir au moment de s'endormir, le coucher suscite un pic d'activités rituelles.

Comme pour le paranoïaque, l'obsessionnel est très marqué par le stade anal. Toutefois, le plaisir pris aux souillures est réfréné par un surmoi tyrannique chez l'obsessionnel, tandis que le paranoïaque se complaît à l'exprimer vers l'extérieur, avec une agressivité ordurière et désobligeante.

Les rituels de politesse résultent de l'hostilité latente des névrosés obsessionnels. Ceux-ci se montrent particulièrement gentils, polis, attentifs, et respectent scrupuleusement les très nombreux petits rituels de la vie en société. Bref, ils sont obéissants. Ils aiment se voir prescrire des règles à observer.

Enfin, ils ne peuvent contenir un certain plaisir pour tout ce qui se répète, comme les enfants. C'est leur réponse à l'activité incessante des pulsions inconscientes.

Les chrétiens se retrouvent derrière ces traits pathologiques. Leur amour des rituels est manifeste, avec leur signe de croix, leur « Ave Maria », leur hostie, leur « Amen », etc. Ils font preuve d'une grande obéissance à l'égard des traditions, symbolisant le père, par réaction à la mauvaise conscience, angoissante, du désir de le tuer et de le rabaisser (de l'avilir). Leur surmoi se montre d'autant plus tyrannique qu'est grande leur agressivité inconsciente à l'égard du père. Ainsi se retrouve chez eux une tendance pour les rituels « purificateurs », qui lavent les fautes, en soulageant leur mauvaise conscience. Cette culpabilité permanente leur fait apprécier les récitations répétitives de prières à exécuter, après s'être confessés, en guise de pardon. La pureté est à prendre au sens propre comme au figuré : ne pas salir et ne pas commettre de faute. Mais les deux sens se rejoignent, puisqu'un de leurs désirs inconscients les plus pressants consiste en une impulsion de souillure, héritée du stade anal. Leur désir de pureté ne peut jamais se satisfaire : c'est un combat contre une tendance inconsciente, et non des actes réels.

Pour les chrétiens, la sexualité constitue une autre source de mauvaise conscience permanente. Ils la considèrent comme impure. Au départ, le premier acte impur est l'inceste. Ensuite, par contagion psychique, quasiment tout acte sexuel devient interdit, sale, etc. Les chrétiens passent beaucoup de temps à endiguer la sexualité, à tâcher de la canaliser dans les étroites limites de codes toujours plus stricts. Pourtant, Jésus ne s'était pas beaucoup exprimé sur la question. À part, il est vrai, pour interdire le divorce que Moïse avait accepté. Jésus se trouvait souvent en bonne compagnie, défendant telle femme adultère ou louant telle autre qui lui lavait les pieds[220]. Dans la mesure où il était charismatique, et parfaitement libre par rapport aux lois morales qui ne venaient pas de lui, supposer qu'il ait eu du bon temps n'est pas déraisonnable. Personne ne lui jetterait la pierre. Sauf les évangélistes, qui ont sans doute consciencieusement censuré de tels écarts dans leurs écrits, sans parler des autres récits

---

220. *Luc* (7 : 44-47, 50).

mis de côté par l'Église chrétienne. Peu importe, seul compte le fait que les textes sélectionnés enjoignent à une restriction de la vie sexuelle au strict cadre du mariage, pour voir les chrétiens s'empresser de suivre ces règles. Du moins essayer.

La dernière source de mauvaise conscience réside dans l'agressivité. Il est frappant de voir les chrétiens toujours si soucieux de politesse, d'attention pour les autres, de calme apparent, de gentillesse exagérée, de prévenances ostensibles, etc. Trop en faire sur l'amabilité cache quelque chose, à savoir son strict opposé. Sous les efforts démesurés du moi, couve l'hyper-agressivité, inconsciente, du névrosé obsessionnel. Celle-ci apparaît directement au moment de redresser les torts des autres, de faire la morale, de prêcher la bonne parole, etc. Quant à la paix, si chère aux chrétiens, elle vaut bien à l'intérieur de leur cercle, mais son pendant peu glorieux en est la guerre des croisés et le délire des inquisiteurs. Bref, trop de signes de modestie trahissent un orgueil et un amour-propre qui poussent en secret. Les prêtres, les curés, etc., se jouent à eux-mêmes la comédie, tout empreinte de vanité, en faisant mille efforts pour paraître modestes et doux, tandis que les carriéristes tracent leur chemin dans l'Église. Le psychologue aperçoit immédiatement, à travers cette ardeur, une belle dose inconsciente d'agressivité et de prétention (à détenir la vérité sur les mystères ultimes).

Parvenus à ce point, nous disposons des mécanismes de la personnalité très particulière de Jésus, d'une part, et de ses auditeurs, d'autre part. Confrontons les deux pour comprendre la façon dont cette rencontre a pu engendrer une nouvelle religion. En termes psychologiques, c'est comprendre en quoi la rencontre d'un mégaparanoïaque avec une foule de névrosés obsessionnels et d'hystériques a pu générer un tel succès, véritable coup de foudre. C'est un mariage d'amour entre fous. Voici l'heure du baiser fatal.

Le problème est double. Il consiste à expliquer la naissance de cette religion, sans recourir à l'existence de Dieu. Il réside en plus dans le fait qu'elle ait perduré à travers les générations, bien après la mort de son instigateur.

Trois grands types de raisons permettent d'y voir plus clair. Premièrement, ce coup de foudre eut pour cause les genres de personnalités en jeu. Deuxièmement, le contenu de l'enseignement de Jésus était de nature à résonner dans l'inconscient de ses auditeurs. Troisièmement, la forme des assertions de Jésus était très convaincante, dans la mesure où elle anticipait largement la propagande moderne.

D'abord, donc, parlons de l'attraction fatale entre deux types de personnalités hautement complémentaires, comme le pôle plus et le pôle moins de deux aimants. Jésus avait un surmoi inversé, aimant son moi au lieu de le tyranniser, au point de fusionner. Or la plupart des hommes ont un surmoi qui fonctionne normalement, comme conscience morale qui commande et limite le moi. Parfois, avec les névrosés, le surmoi en fait trop, générant angoisse et sentiment de culpabilité pathologiques. De nombreuses conséquences découlent de cette configuration sur les traits de personnalités des deux groupes de protagonistes, Jésus et ses croyants. Jésus appelait ces derniers à raison ses « moutons ». L'autre traduction de ce mot, « brebis », revient au même, en y ajoutant une tendre docilité qui aggrave la situation.

Jésus se comportait comme un père, ses moutons comme des enfants, Jésus n'avait pas de mauvaise conscience, ses moutons étaient tétanisés par leur sentiment de culpabilité, Jésus était certain de détenir la vérité, ses moutons souffraient de toujours douter, Jésus avait un comportement parfaitement unique, ses moutons s'imitaient les uns les autres, Jésus aimait commander, ses moutons aimaient obéir, Jésus s'aimait lui-même, ses moutons ne s'aimaient pas eux-mêmes, Jésus n'hésitait jamais, ses moutons hésitaient toujours, Jésus aimait redresser les torts des autres, ses moutons aimaient se faire des reproches à eux-mêmes, Jésus instituait de nouveaux rituels, ses moutons adoraient les rituels, Jésus était certain d'être pur et de pouvoir purifier l'humanité, ses moutons se sentaient sales, Jésus avait une forte personnalité, ses moutons non, Jésus était à la fois haineux et aimant envers les autres tout en s'aimant lui-même, ses moutons retournaient leur haine contre eux-mêmes et manquaient d'amour, Jésus débordait d'énergie, ses moutons étaient freinés par leurs scrupules moraux, Jésus ressassait sans cesse ses idées délirantes, ses moutons adoraient les répétitions, Jésus entretenait une relation d'amour avec l'archétype du père, ses moutons nourrissaient la mauvaise conscience de haïr inconsciemment leur père, Jésus inventait un sens au monde, ses moutons étaient avides de sens, Jésus préten-dait agir sur le monde par la pensée, ses moutons étaient fascinés par les forces occultes, Jésus représentait un modèle de bonheur interne, ses moutons étaient rongés par l'angoisse, Jésus était persuadé que tous les regards étaient portés sur lui, les moutons aspiraient confusément à la venue d'un libérateur, Jésus se flattait lui-même, ses moutons se critiquaient eux-mêmes, Jésus faisait des projections mythiques, ses moutons superstitieux aimaient pouvoir expliquer l'univers, connaître le sens de la vie et guider leurs actions à partir de mythes qu'il était rassurant de croire...

Les moutons existaient à l'époque de Jésus, mais ils ont toujours existé et sans doute existeront-ils toujours. Dans la mesure où la personnalité de Jésus a été immortalisée dans les écrits de ses admirateurs, ce mariage d'amour entre fous était fait pour durer. Et ils eurent beaucoup d'enfants.

La personnalité de Jésus filtre largement à travers les écrits rapportant ses paroles et ses actes. Les lecteurs des Évangiles la sentent confusément. Leur inconscient la perçoit immédiatement et précisément. Enfin, cerise sur le gâteau, le contenu des paroles de Jésus ne concernait pas seulement la situation précise d'une communauté juive subissant l'occupation romaine. Ce contenu était issu de projections mythiques, à partir de rapports inconscients, identiques pour tous… Tous les hommes peuvent croire dans la vérité des allégations de Jésus. Ses paroles, à défaut d'être vraies par référence à la réalité, le sont au moins quant aux structures de l'inconscient, communes à tous les membres du genre humain.

L'essentiel du contenu des discours de Jésus consistait dans sa « bonne nouvelle ». Celle-ci n'était pas la résurrection. La résurrection ne constituait que le cas particulier d'un espoir plus général. Mettons de côté le fait qu'il n'ait pas existé de réelle résurrection, mais peut-être au mieux un petit accident de procédure romaine, qui aurait laissé quelques jours de survie supplémentaires à un crucifié libéré trop tôt. La résurrection aurait signifié que la mort est vaincue, ce qui relève précisément d'une impression issue du ça atemporel. Jésus aurait bénéficié d'un simple concours de circonstances : son exécution mal exécutée aurait fourni un semblant de confirmation à sa conviction d'origine inconsciente.

La résurrection ne représentait qu'un cas particulier de la bonne nouvelle en général. Le fonctionnement fondamental de l'esprit d'un mégaparanoïaque consiste à croire que ses mécanismes inconscients valent dans la réalité. La bonne nouvelle, le « pardon », était à sa façon une incroyable nouveauté. Personne n'avait encore fait de projection mythique, aussi précise et insistante, à partir de cette fonction parentale des plus banales. En termes psychologiques, Jésus se contentait de projeter en grand son propre rapport inconscient entre moi et surmoi : il n'avait pas mauvaise conscience, il se sentait innocent et pur.

Il avait réalisé en son for intérieur ce qui, sur le plan métaphorique, pourrait s'appeler une réconciliation avec le père (avec le surmoi). Elle constituait une immense libération interne. Jésus signait là sa plus belle projection mythique, qui lui vaudrait sa plus grande postérité de mégaparanoïaque, en attribuant à Dieu et l'humanité ce même rapport interne qui régissait son surmoi et son moi. Tous seraient pardonnés comme lui-même. Voilà la bonne nouvelle. Quel bonheur de croire en la réalité de cette improbable configuration inconsciente, pour des névrosés qui ont toujours mauvaise conscience !

Pour les moutons, certes, ne plus être tiraillé par le sentiment de faute serait un soulagement sans prix. Alors, pour eux, autant nier la réalité, la sordide réalité d'une vie dénuée de sens, emplie de souffrances psychologiques et close par une mort certaine autant que définitive. Mieux valait pour eux croire en ce mythe d'une vie éternelle et heureuse. Y céder était d'autant plus aisé qu'ils sentaient confusément du vrai dans la promesse de Jésus, quelque chose d'obscurément vrai, d'extrêmement vrai, d'éternellement vrai. Il existait bien quelque chose de vrai… de l'inconscient.

C'était le cas de l'éternité promise dans le ciel, et bien valide, mais de l'inconscient. Cette mégaprojection valait autant pour les contemporains de Jésus que pour les hommes de tous les temps. Avec cette promesse, Jésus faisait baigner ses interlocuteurs dans son rêve, dans son univers inconscient – un véritable bain d'éternité.

La promesse du renversement social allait dans le même sens. Tous les hommes qui possèdent une situation modeste souhaitent inconsciemment tuer leurs supérieurs. Quel bonheur pour les défavorisés de s'entendre dire que les derniers seront les premiers ! Tous les renversements d'ordre social, comme retour à l'âge d'or, font plaisir aux souffrants. L'âge d'or représente lui-même, comme le paradis, une ère sans souffrance, sans tension moi-surmoi, un retour fantasmé au narcissisme primaire. Pour les névrosés, cet âge d'or équivaut à la mort du père, autrement dit à la fin de l'interdit des désirs. En prime, les envies destructrices, communes à tous, y sont assouvies. L'idée de révolte fait toujours plaisir aux moutons qui ont retourné leur agressivité sur eux-mêmes. Là encore, Jésus proposait une libération intérieure, en leur faisant croire qu'elle se réaliserait dans la réalité (du paradis).

De la même façon, les hommes aimeraient bénéficier d'une protection paternelle, comme dans l'enfance. Freud avait décelé dans ce souhait un puissant moteur de la religion[221]. Or les moutons s'inquiètent toujours de l'avenir, craignant continuellement quelque malheur réel qui ne les punisse, confirmant de la sorte la mauvaise conscience qui les taraude sans cesse. Jésus leur prodiguait le plus grand bien, en leur annonçant qu'il n'y aurait plus rien à craindre, que tous seraient pardonnés, et que tous obtiendraient la vie éternelle… à la simple condition de lui obéir, ce qui confortait leur situation infantile. Celle-ci resterait effective à travers les siècles, tant que les moutons ne comprendraient pas l'origine purement psychologique de ce père universel.

Et aussi, et surtout, Jésus proposait de laver les péchés. Promettre la pureté à des névrosés obsessionnels ne pouvait que susciter leur plus vif enthousiasme. D'un côté la purification absolue, de l'autre l'éternelle faute inconsciente : le grand amour était assuré.

Jésus fascina tous les moutons de tous les temps. Il les a fascinés avec des structures d'inconscient, qu'il a projetées dans des mythes procurant du plaisir. Jésus les fascina également par sa personnalité, une sorte de bête fauve sans tension interne. La

---

221. Voir Freud (Sigmund), « L'avenir d'une illusion », chapitre VI, in *Œuvres complètes. Psychanalyse*, Paris, PUF, 1994, tome XVIII, p. 170, et aussi « Malaise dans la culture », chapitre I, p. 258.

bonne nouvelle était incarnée par un personnage historique. Grâce à une identification admirative, les moutons pouvaient croire à la fin de la souffrance interne. Ils laissèrent Jésus entrer dans leur surmoi. Ils obtenaient non seulement un guide interne, mais encore la sensation libératrice autant qu'illusoire de pouvoir être comme lui. La bonne nouvelle s'est ainsi répandue à travers tous ceux qui ont un surmoi maladif.

Enfin, le style oratoire de Jésus était, par chance pour lui, extrêmement approprié aux foules.

Pour commencer, sur le plan politique, Jésus utilisait de grosses ficelles particulièrement efficaces. Il séduisait le petit peuple, plus malléable sur le plan psychologique. Les esprits simples demeurent souvent plus vulnérables au magnétisme des fortes personnalités. Toutefois, le tournant de l'affaire réside dans le fait que les petites gens, en s'unissant, devinrent plus fortes. Elles purent imposer leur point de vue à leurs anciens supérieurs, du moins ceux qui étaient névrosés. L'instinct grégaire des moutons leur assura une nouvelle force, celle du nombre, comme l'a analysé Nietzsche[222]. Leur perspective, avec le temps, devint l'illusion dominante.

Pour toucher le peuple, Jésus recourait à une démagogie sans limites, dans la mesure où il promettait absolument tout à ceux qui n'avaient absolument rien. Il ne prenait guère de risques, peu d'entre eux revinrent d'entre les morts pour confirmer le bien-fondé de ses promesses. Le service après-vente ne fut pas débordé. Outre le bonheur et la vie éternelle, Jésus leur proposait un renversement social, particulièrement alléchant pour ceux qui sont en bas de l'échelle.

Devant le peuple, Jésus employait des phrases courtes, faciles à comprendre.

---

222. *Voir* La Généalogie de la morale.

« [...] il y aura un seul troupeau, un seul berger. »[223]

La structure de cette phrase rappelle de façon troublante cette autre : « *Ein Volk, ein Reich, ein Führer* » (« un peuple, un empire, un guide »). Les phrases simples plaisent aux simples d'esprit. Or, agglutinés dans les foules, ils réfléchissent d'autant moins qu'ils sont plus nombreux. Jésus savait cibler son discours en fonction de son type d'auditeurs.

Ensuite, Jésus répétait sans arrêt les mêmes idées, avec des formules comme « je vous le dis en vérité ». Les moutons adorent les rituels répétitifs, comme les enfants. Goebbels avait remarqué qu'il suffisait de répéter et répéter sans cesse une idée fausse pour qu'elle finisse par passer pour vraie. Aujourd'hui encore, certains chefs d'État, cherchant à faire passer un mensonge, s'inspirent de cette technique, le nombre de répétitions étant proportionnel à son degré de fausseté.

Jésus avait également eu l'idée d'employer des intermédiaires, comme un chef d'entreprise embauche des employés, qui travailleront dans le même sens que lui :

« [...] le Seigneur désigna encore soixante-dix autres disciples, et il les envoya deux à deux devant lui dans toutes les villes et dans tous les lieux où lui-même devait aller. »[224]

En déléguant ses pouvoirs, un patron démultiplie en quelque sorte sa propre force d'action. Jésus, en commerçant calculateur, savait se vendre efficacement. Il entraîna, directement ou indirectement, la cohorte de ses disciples, apôtres, évangélistes, pères de l'Église, ecclésiastiques haut gradés, etc. Ce procédé marchait d'autant mieux avec des moutons qui croient à la contagion du surnaturel. En réalité, Jésus leur conférait un peu de son incroyable confiance en lui-même. À leur tour ils

---

223. *Jean* (10 : 16).
224. *Luc* (10 : 1).

tâchaient de se comporter comme lui, comme un père ayant inversé le rapport moi-surmoi. Ce fut le cas de tous les dirigeants chrétiens, comme les pères de l'Église ou le pape, de simples paranoïaques ayant repris les mythes inventés par leur maître mégaparanoïaque.

En plus, Jésus utilisait admirablement les effets du ouï-dire. Ses propres auditeurs devenaient ses plus fervents ambassadeurs, tant un client satisfait constitue la meilleure assurance d'une bonne réputation. C'était éminemment le cas des hystériques. Une bonne dose de confiance en soi permettait de les guérir, et par surcroît ils se montraient particulièrement bruyants sur le plan social, avec leur comédie permanente.

Une ultime astuce, pour plaire au grand nombre, est plus difficile à réaliser. Il faut faire une belle sortie. Savoir non seulement sortir au sommet de sa gloire, avant de tristement défraîchir comme tout un chacun, mais de préférence avec un dernier coup d'éclat. Donner sa vie est idéal. Le peuple est toujours impressionné par les martyrs. Il s'identifie immédiatement à quelqu'un qui souffre, puisque c'est son lot quotidien. La mort de Jésus fut un grand bénéfice pour son image publique. Ce mécanisme banal fonctionne encore avec les célébrités actuelles. Pour accroître son aura, mieux vaut mourir tôt ! – et si possible, mourir pour une bonne cause. Pourtant, le fanatisme est tout sauf une preuve de vérité. Mourir pour une idée ne prouve en rien sa validité.

Sur le plan de la connaissance, Jésus proférait sans le savoir des phrases qui paraissaient toujours vraies.

D'abord, elles étaient tellement vagues et générales, qu'elles pouvaient s'appliquer à toutes les situations, comme en astrologie. La phrase « cherchez, et vous trouverez » peut aussi bien s'appliquer à la recherche d'un emploi qu'à la baguette chez le boulanger. Le plan métaphorique est pire encore. Elle peut désigner la vérité, la foi, Dieu, la signification d'une obscure parabole de Jésus, etc.

Ensuite, entre en jeu un effet statistique. Depuis deux millénaires que des milliards d'humains cherchent à vérifier ces phrases, il survient toujours des cas où elles fonctionnent. Jésus passe alors pour un grand visionnaire. Mais c'est oublier sciemment les autres milliards de cas où les mêmes phrases n'ont pas du tout été vérifiées. L'affirmation « à ceux qui n'ont rien on ôtera même ce qu'ils possèdent » peut toujours s'appliquer aux banquiers qui retirent de l'argent aux pauvres d'une manière ou d'une autre. La condition en est de passer sur toutes les aides accordées aux démunis, qui contredisent manifestement la phrase en question. Ce mécanisme est celui des proverbes, qui peuvent toujours convenir à certaines situations, en mettant sciemment de côté celles, beaucoup plus nombreuses, où ils ne s'appliquent pas.

Les affirmations de Jésus étaient, pour la plupart, énoncées sur le mode impératif. Un ordre n'est jamais vrai ou faux. Les astrologues le savent bien, avec leurs prétendues prédictions de la forme « demain, faites attention aux marques d'affection ». Les faits ne risquent pas de contredire ce genre de propos, apparemment confirmés quels que soient les événements du lendemain. Vouloir obéir à l'ordre suffit pour avoir l'impression qu'il est vrai.

Un autre effet plus subtil procure une apparence de vérité aux phrases de Jésus. Ses assertions deviennent vraies du fait qu'elles sont crues. Il disait : « Le ciel et la terre passeront, mais mes paroles ne passeront point. »[225] Tous ses auditeurs ont voulu que cette assertion se réalise. Elle s'est réalisée. Si une équipe sportive veut remporter une rencontre, elle doit croire que la victoire aura lieu. Sans ce réquisit, la réussite ne peut survenir. Jésus, à force de

---

225. *Matthieu* (24 : 35), voir aussi *Marc* (13 : 31) et *Luc* (21 : 33).

se trouver lui-même supérieur, a fini par être cru par tous, et il l'est réellement devenu. C'est en croyant *a priori* au succès qu'on peut le provoquer.

Un dernier mécanisme, le plus sournois de tous, explique l'apparente véracité des déclarations de Jésus. Elles sont « devenues vraies » grâce au fait que le système délirant de Jésus est devenu la norme et le critère de la vérité. À partir du moment où le chrétien chausse les lunettes de Jésus, tout paraît le confirmer, tout étant interprété à partir de son a priori. Le chrétien pense que se cogner le pied contre le bord du lit signifie qu'il est puni par Dieu, tandis qu'il l'est par son surmoi. Tout événement semble lui confirmer l'existence de Dieu, celle-ci étant présupposée avant même d'interpréter le moindre fait.

Globalement, pour savoir si une phrase de Jésus est vraie, ce n'est pas du côté de la réalité que nous devons regarder. Maintes situations se présenteront toujours pour la confirmer ou l'infirmer. Pour savoir si ses affirmations sont justes, nous devons nous tourner du côté de l'inconscient. Jésus ne nous apprend rien sur la réalité, mais énormément sur ses structures inconscientes, à son insu. À partir de ces structures, il mettait en forme la réalité. Ce faisant, il imposait de nouvelles apparences à la réalité. C'était une hallucination permanente.

Cette grande apparence de vérités continuelles, énoncées de façon convaincante, a beaucoup contribué à son incroyable succès.

En résumé, Jésus a commencé par délirer en grand, puis il a convaincu les foules. Freud écrit : « C'est comme un tel délire de masse que nous devons aussi caractériser les religions de l'humanité. »[226]

---

226. FREUD (Sigmund), « Malaise dans la culture », in *Œuvres complètes. Psychanalyse*, *op. cit.*, tome XVIII, p. 268.

Jésus n'était pas un berger. Jésus était un loup. Jésus mangeait l'âme de ses moutons. Il les a phagocytés.

Après avoir compris la façon dont le charisme délétère de Jésus a pu influencer la foule, un gros problème reste en suspend, qui est apparu entre-temps. Ce que répètent et suivent ses moutons, ce n'est pas du tout ce que Jésus fut, au vu de ses symptômes pathologiques. Ce dernier ne possédait pas du tout les qualités qu'il exigeait, bien au contraire. Bien que fascinés par les affirmations de Jésus, à cause de leur contenu d'inconscient collectif, comment les névrosés ont-ils pu suivre à la fois ses paroles et son exemple ? Implicitement, la personnalité de Jésus était en nette contradiction avec ses dires.

Comment les moutons ont-ils pu croire que Jésus avait les qualités qu'il exigeait ? Comment a-t-il pu passer pour le modèle de ses déclarations de principes, quand il en était la réelle antithèse ?

# CHAPITRE VII
## LES CONTRADICTIONS DE JÉSUS

« Alors Jésus, parlant à la foule et à ses disciples, dit : Les scribes et les pharisiens sont assis dans la chaire de Moïse. Faites donc et observez tout ce qu'ils vous disent ; mais n'agissez pas selon leurs œuvres. Car *ils disent, et ne font pas.* »

Matthieu[227]

Et Jésus, faisait-il ce qu'il disait ?

Ses nombreuses contradictions représentent une voie d'accès privilégiée à la complexité de sa personnalité. Elles permettent de toucher du doigt la particularité fondamentale de cette maladie très rare que constitue la mégaparanoïa.

Une première série de contradictions est à cet égard caractéristique, et réside dans l'écart entre ce que Jésus ordonnait aux autres de faire, et ce qu'il faisait lui-même. En voici quelques échantillons.

---

227. *Matthieu* (23 : 1-3), voir aussi *Luc* (11 : 45-47).

Avec sa parabole de la paille et de la poutre[228], Jésus enjoignait à ne pas regarder les défauts des autres, mais les siens propres. Or, cette parabole est justement un reproche aux autres, quand lui-même ne s'en faisait aucun. Plus généralement, il se considérait lui-même comme innocent, et passait sa vie à redresser les torts d'autrui. Il donnait des lois aux autres, tandis qu'il se libérait de celles qui provenaient de l'extérieur. Il n'intégrait pas la loi du père, tout en projetant sa poutre dans l'œil des autres.

En ce sens, Jésus ordonnait de ne pas juger, tout en passant son temps à le faire, notamment avec ceux qui ne le suivaient pas :

« Celui qui croit en lui n'est point jugé ; mais celui qui ne croit pas est déjà jugé, parce qu'il n'a pas cru au nom du Fils unique de Dieu. »[229]

Qui plus est, Jésus était persuadé d'avoir raison :

« […] si je juge, mon jugement est vrai […] »[230]

Jésus ordonnait de ne pas mentir[231]. Mais a-t-on vu pire menteur, qui promettait la vie éternelle, le bonheur pour tous, cent fois ce qui a été donné, etc. ? Ses promesses n'étaient jamais vérifiables, aussi n'eut-il jamais à en rendre compte.

« Tout ce que vous demanderez avec foi par la prière, vous le recevrez. »[232]

Jésus ordonnait d'obéir. Il passait pourtant sa vie à désobéir, ne respectant ni les us et coutumes, ni les lois morales, ni l'autorité des docteurs, etc. Il exigeait l'ordre, imposé par lui, sans respecter l'ordre, imposé par les autres. Il exigeait la pureté, en refusant de se comporter proprement chez les pharisiens.

Jésus ordonnait aussi d'aimer le père :

---

228. *Matthieu* (7 : 3).
229. *Jean* (3 : 18).
230. *Jean* (8 : 16).
231. *Matthieu* (19 : 18).
232. *Matthieu* (21 : 21-22).

« Voici le premier : Écoute, Israël, le Seigneur, notre Dieu, est l'unique Seigneur ; et : Tu aimeras le Seigneur, ton Dieu, de tout ton cœur, de toute ton âme, de toute ta pensée, et de toute ta force. Voici le second : Tu aimeras ton prochain comme toi-même. Il n'y a pas d'autre commandement plus grand que ceux-là. […] Jésus, voyant qu'il avait répondu avec intelligence, lui dit : Tu n'es pas loin du royaume de Dieu. »[233]

Mais Jésus avait-il le moindre mérite à aimer Dieu le Père, s'il affirmait ne faire qu'un avec lui ? Il s'aimait lui-même. C'est l'autophilie d'une Trinité dont l'amour se réalise en vase clos.

Quant à aimer les autres, c'est l'un des ordres les plus célèbres de Jésus :

« Je vous donne un commandement nouveau : Aimez-vous les uns les autres ; comme je vous ai aimés, vous aussi, aimez-vous les uns les autres. »[234]

Il n'a guère fait preuve d'amour avec les scribes, les grands sacrificateurs, les marchands du temple, les docteurs, les prêtres, les pharisiens, et enfin le Judas de la trahison, à qui il souhaitait de ne pas être né[235]. Pire, Jésus provoquait, insultait, voire agressait tous ceux qui ne croyaient pas en lui, qu'il appelait « incrédules », voir « imbéciles ». Il présentait une attitude haineuse à l'encontre de ceux qui ne lui obéissaient pas. Il se montrait froid avec sa mère et ses frères[236]. Sur ce dernier point, notons que son Œdipe inversé le portait plutôt à l'amour du père.

Incidemment, la personnalité autoritaire de Jésus n'était guère aidée par un paradoxe insidieux : aimer ne saurait se commander. Pour encourager l'amour, l'utilisation des ordres est quelque peu incongrue, et le recours à la force plus encore.

---

233. *Marc* (12 : 29-31, 34), voir aussi *Matthieu* (22 : 37-40).
234. *Jean* (13 : 34).
235. *Matthieu* (26 : 24).
236. *Luc* (8 : 19-21).

Jésus ordonnait de pardonner. Pourtant, au moment où il aurait le plus eu l'occasion de se dresser en modèle, il se laissa envahir par le fiel de la rancune, comme l'épisode Judas l'a révélé[237]. Voir Jésus encourager la dénonciation ne manque pas non plus de surprendre[238]…

Il critiquait la vanité des autres :

« [Les scribes et les pharisiens] aiment à être salués dans les places publiques, et à être appelés par les hommes Rabbi, Rabbi. Mais vous, ne vous faites pas appeler Rabbi ; car un seul est votre Maître, et vous êtes tous frères. Et n'appelez personne sur la terre votre père ; car un seul est votre Père, celui qui est dans les cieux. Ne vous faites pas appeler directeurs ; car un seul est votre Directeur, le Christ. »[239]

Mais il était flatté d'être appelé fils de Dieu, et il laissait faire des imitateurs quand cela contribuait à sa propre réputation. La citation précédente fait d'ailleurs coup double, laissant en plus apparaître la contradiction implicite qui consiste à interdire d'appeler « père » ou « directeur » qui que ce soit, sauf lui-même.

Jésus ordonnait également de ne pas chercher sa gloire. Pourtant, il affirmait que ses paroles ne passeraient point, tout en recourant à de nombreux procédés démagogiques pour asseoir son ascendant sur la foule.

Jésus s'identifiait à Dieu, se targuait de détenir la vérité, la justice, la clef du bonheur pour tous en prétendant sauver l'humanité, etc. Par ailleurs, il exhortait les foules à l'humilité, en comparant l'homme à la poussière. On a fait grand cas des miracles de Jésus, en passant injustement sous silence l'exploit qui consiste à exiger la modestie quand on se prend pour le fils de Dieu.

---

237. Voir *Matthieu* (26 : 24), *Marc* (14 : 21), *Luc* (22 : 22).
238. *Matthieu* (18 : 17).
239. *Matthieu* (23 : 7-10).

Concernant la maîtrise de soi, Jésus disait :

« Vous avez entendu qu'il a été dit aux anciens : Tu ne tueras point ; celui qui tuera est passible de jugement. Mais moi, je vous dis que quiconque se met en colère contre son frère est passible de jugement [...] »[240]

Quel autre sentiment avait bien pu inspirer à Jésus la destruction des tables des marchands ? Les colériques répondent systématiquement que la situation justifie leur colère...

Jésus, qui avait souvent recours aux insultes, mettait son entourage en garde contre leur usage :

« Que celui qui dira à son frère : Raca [stupide] ! mérite d'être puni par le sanhédrin [tribunal suprême des Juifs] ; et que celui qui lui dira : Insensé ! mérite d'être puni par le feu de la géhenne [châtiment éternel]. »[241]

Il se créait bien des ennemis, et sa relation avec eux relève également de l'antinomie :

« Mais moi, je vous dis de ne pas résister au méchant. Si quelqu'un te frappe sur la joue droite, présente-lui aussi l'autre. Si quelqu'un veut plaider contre toi, et prendre ta tunique, laisse-lui encore ton manteau. Si quelqu'un te force à faire un mille, fais-en deux avec lui. Donne à celui qui te demande, et ne te détourne pas de celui qui veut emprunter de toi. »[242]

Il ne faudrait pas résister au méchant. Or Jésus fuyait et se cachait quand il se savait recherché[243]. Il affirmait donner le pouvoir pour marcher sur la puissance de l'ennemi[244]. De fait, il harcelait sans cesse les scribes et pharisiens, qu'il appelait « méchants ».

---

240. *Matthieu* (5 : 21-22).
241. *Matthieu* (5 : 22).
242. *Matthieu* (5 : 39-42).
243. *Matthieu* (12 : 14-15), (2 : 22), *Marc* (7 : 24), (9 : 30), *Jean* (7 : 1), (7 : 10-11), (11 : 53-54).
244. *Luc* (10 : 19).

Jésus ordonnait de ne pas jurer :

« Mais moi, je vous dis de ne jurer aucunement, ni par le ciel, parce que c'est le trône de Dieu ; ni par la terre, parce que c'est son marchepied ; ni par Jérusalem, parce que c'est la ville du grand roi. Ne jure pas non plus par la tête, car tu ne peux rendre blanc ou noir un seul cheveu. Que votre parole soit oui, oui, non, non ; ce qu'on y ajoute vient du malin. »[245]

Et le fait est qu'il ne jurait guère. Mais le délire principal de Jésus résidait dans son identification à Dieu. Interdire de jurer, dans ces conditions, revenait à empêcher de l'insulter personnellement. Ce mécanisme illustrerait la façon dont un ordre à prétention universelle est créé à partir de sa psychologie personnelle, en particulier sa propre susceptibilité et son sentiment de persécution. Que Jésus fasse enfin ce qu'il commandait de faire ne surprend plus. Il aurait eu quelque difficulté à jurer contre lui-même, surtout au regard de l'amour qu'il portait à sa personne.

Cette liste, non exhaustive, peut se clore par une généralisation qui permet d'expliciter le cœur du problème psychologique. Jésus ordonnait de ne pas faire à autrui ce que nous ne voudrions pas qu'il nous fasse. Aurait-il apprécié la rencontre d'un autre Jésus ? Aurait-il aimé être insulté, agressé, violenté, et s'entendre dire à chaque instant ce qu'il doit faire, croire, penser ? Tel est le paradoxe du paranoïaque : un être extrêmement sensible à l'hostilité des autres, et qui ne se rend pas compte de sa propre agressivité.

Toutefois, Jésus n'était pas un simple paranoïaque : avec lui, le paradoxe s'élève d'un cran. Explorer cette difficulté dans ses ultimes conséquences permet de mieux cerner la spécificité de Jésus, à travers les caractéristiques de son rapport aux autres.

Toutes les contradictions de Jésus entre ses paroles et ses actes ont une source commune. C'est encore et toujours

---

245. *Matthieu* (5 : 34-37).

son surmoi inversé qui lui faisait créer des lois et diriger son agressivité réprobatrice vers autrui, jamais vers lui-même. Se situant à l'origine des lois, il s'en dispensait lui-même, tout en les imposant à son entourage.

Un grave problème se pose à ses moutons, qui est caractéristique de la pathologie très spéciale de leur maître. Ces moutons aimeraient beaucoup suivre un personnage qui a l'air de savoir de quoi il parle. Deux solutions contradictoires se présentent à eux. Soit suivre Jésus en acte, et remettre en question le contenu de ses propos. Soit suivre les paroles de Jésus, et remettre en question Jésus en acte, comme modèle de vie.

Le plus grand paradoxe du christianisme apparaît, très révélateur de la personnalité de son initiateur : suivre Jésus est impossible. Pourtant, des milliards d'hommes ont cru le faire…

N'oublions pas le mariage d'amour entre Jésus et ses moutons. Ils voulaient le suivre, et il voulait être suivi :

« [...] je vous ai donné un exemple, afin que vous fassiez comme je vous ai fait. »[246]

Mais sa vie est l'exact contraire de ce qu'il ordonnait de faire. Comment ses moutons ont-ils pu suivre des maximes contredites par des actes ? Comment suivre quelqu'un dont la personnalité se situait à l'antithèse de ce qu'il exigeait de ses moutons ? Comment continuer de croire en la divinité d'un être à ce point contradictoire ? Comment prendre pour modèle un être aussi incohérent dans sa démarche ? Comment suivre une démarche inconséquente ?

Les moutons de Jésus ont un important dilemme à résoudre, sans en avoir conscience : doivent-ils suivre l'exemple de Jésus, autrement dit ses actes, ou bien son enseignement ?

Essayons d'envisager la première voie.

---

246. *Jean* (13 : 15).

Une étonnante contradiction apparaît aussitôt. S'ils avaient vraiment imité les actes de Jésus, les moutons auraient, à son instar, détruit les étals des marchands du temple, comme les produits commerciaux vendus à Lourdes. Pour généraliser, Jésus ayant été pauvre et critique à l'égard des richesses accumulées, les moutons auraient saccagé la colossale fortune amassée par l'Église chrétienne depuis deux millénaires. Elle n'aurait d'ailleurs jamais amassé de telles richesses, cette même Église qui justement se revendique de Jésus...

Elle a opté pour l'autre choix, en le suivant dans son enseignement, pas dans ses actes. Examinons cette seconde voie. Si l'Église n'est pas réalisable dans la pureté de son idée, l'est-elle dans sa caractérisation humaine ?

La solution pourrait consister à obéir aux paroles de Jésus. Celles-ci sont en elles-mêmes relativement cohérentes, même si leur point de départ est délirant. De franches contradictions surgissent à nouveau.

Pour suivre ses préceptes à la lettre, les moutons devraient ignorer les actes de Jésus. C'est difficile. Son enseignement contient justement le conseil de l'imiter.

Immédiatement un deuxième problème surgit, qui est de s'aveugler sur les actes de Jésus. Ce problème a été historiquement résolu, au détriment de la vérité toutefois. Se faire une fausse idée de Jésus y pourvoyait. Ce dernier a une fausse réputation chez ses moutons. Ils le voient avec les lunettes qu'il a inventées. Ils l'imaginent avec les valeurs qu'il a imposées. Jésus a requis l'humilité, alors les moutons le croient modeste. Il a fustigé l'hypocrisie et le mensonge, les moutons le croient franc et honnête. Il a imposé l'amour, les moutons le croient aimable. Etc. Ce faisant, les moutons ne le regardent pas avec les bonnes lunettes. Ils l'hallucinent. Ils le voient avec des qualités qui n'étaient pas siennes. En plus de le voir autrement qu'il n'était, ils s'aveuglent sur ce qu'il était réellement. Les moutons opèrent une sorte de censure interne et permanente sur les nombreuses caractéristiques psychologiques de Jésus. Le paradoxe est saisissant : ses propres traits de caractère étaient les défauts qu'il fustigeait.

Ainsi se profile la solution pour croire suivre Jésus : voiler la véritable image de ce qu'il fut en acte, de ce qu'il fit. Les moutons chaussent les lunettes de ses propos, et le confondent avec l'univers idéal qu'il dépeignait. Voilà la manière dont ils peuvent se faire une fausse idée de lui. Pour ne suivre que ses injonctions, ils doivent le voir à travers les valeurs de ses sentences. Et ils confondent l'homme Jésus avec l'idéal qu'il professait. Au prix d'une immense hallucination sur Jésus lui-même, les moutons peuvent croire suivre à la fois ses paroles et son exemple.

Toutes ces complications nous permettent d'approcher du but : cerner au plus près les particularités psychologiques de l'homme Jésus et comprendre son succès, par le biais des imbroglios que ne peut manquer d'engendrer la rencontre d'un mégaparanoïaque avec les nombreux névrosés.

À supposer que les importantes discordances entre les paroles et les actes de Jésus soient résolues sans hallucinations, la suprême contradiction ne le sera jamais. Après la première grande dissonance, entre ses mots et ses faits, vient une seconde contradiction, plus radicale encore. Son verbe et son action furent une chose, mais sa personnalité en fut une autre.

En d'autres termes, il y a le dire, le faire et l'être.

Pouvons-nous suivre Jésus dans son être même ?

Un premier problème se pose aussitôt : avoir telle ou telle personnalité ne se choisit pas. Personne ne choisit d'être un psychotique, encore moins un mégaparanoïaque comme Jésus. Pas même Jésus. « Ne devient pas fou qui veut. »[247]

*A fortiori*, un humble mouton ne saurait imiter un redoutable mégaparanoïaque.

Supposons que ce soit possible, ou plutôt que celui qui voudrait suivre les actes de Jésus présente déjà la même personnalité que lui. Une autre difficulté insurmontable surgit : un tel personnage ne se mettrait pas dans la position de mouton, par définition. Il ne chercherait pas à imiter. En d'autres termes, si un nouveau Jésus survenait, il ne suivrait pas Jésus. Tout comme ce dernier n'a pas suivi Moïse. Bref, celui qui serait comme Jésus ne suivrait pas ses devanciers, en particulier Jésus.

L'être de Jésus se définissait par opposition aux actes d'autrui. Cet être résidait dans sa mégaparanoïa, qui incluait le besoin délirant de contredire n'importe quelles lois concernant ce qu'il faut faire ou non. L'essentiel de Jésus, son être même, consistait à remettre sans cesse en cause les préceptes éthico-religieux. Comment suivre ce principe, sans contradictions immédiates ?

Jésus reprochait aux pharisiens de ne servir Dieu qu'en apparence, en s'en tenant à la stricte obédience des rituels. Ce même reproche peut aisément se reporter directement sur les chrétiens ultérieurs, eux-mêmes hypocrites et vaniteux, qui se montrent à l'église à prier de façon ostentatoire.

Lorsqu'un tel mégaparanoïaque donne un nouvel ordre, il est impossible de le suivre. Tel est le paradoxe Jésus, son être même. Pour vraiment suivre Jésus comme modèle, les moutons devraient à leur tour se donner de nouveaux ordres, à eux-mêmes et aux autres. Cette démarche constituerait du Jésus, en chair. Ce ne serait pas du Jésus en verbe, dans son contenu littéral.

---

247. LACAN (Jacques), *Propos sur la causalité psychique*, Bonneval, 1946.

Le principe même d'une Église chrétienne est contradictoire. Elle fige les ordres de Jésus, leur contenu. Ce faisant, elle contredit son être même, qui remet en question les ordres figés. L'idée d'Église étant incohérente, ses tentatives de réalisation humaine ne pouvaient engendrer que des aberrations.

Les pères et les docteurs de l'Église jouaient de cette contradiction. D'un côté, ils voulaient imposer le contenu de la doctrine de Jésus, en la figeant. C'était trahir Jésus comme modèle. D'un autre côté, ils modifiaient légèrement le contenu de cette doctrine. C'était trahir Jésus dans ses paroles, tout en restant fidèles à son principe, à son être. Dans les deux cas, ils servaient de caisse de résonance au délire de Jésus.

Le cas d'Augustin est intéressant. Ce saint était obsédé par la sexualité. Dans sa jeunesse, et conformément aux us romains, il avait joyeusement folâtré dans les orgies. Mais ensuite, Augustin l'orgiaque fut frappé par l'enseignement de Jésus. S'il avait été touché par l'esprit de Jésus, il n'aurait pas dû avoir mauvaise conscience. Il aurait simplement enseigné à son tour qu'il faut pratiquer la débauche, en inventant une justification à la Jésus, comme « Dieu est amour, faites l'amour ». Les cathares, autrement dit les « Purs », eurent une révélation de ce genre, en prenant l'étonnante initiative de mettre en acte le sentiment d'innocence de Jésus, par des fêtes incessantes qui célébraient les joies du corps. Mais Augustin avait été impressionné par le contenu de l'enseignement de Jésus, réduisant notamment la sexualité à sa portion congrue, la pratique maritale (et encore, dans des limites très étriquées). Augustin exagéra ces restrictions drastiques jusqu'à l'ascétisme. En changeant légèrement la lettre de Jésus, il fut bien conforme à l'esprit de Jésus. D'autres moutons vinrent suivre ce nouveau modèle à la lettre. Des moutons se présenteront toujours pour observer n'importe quel enseignement, l'essentiel étant pour eux de suivre des règles. Les pères de l'Église firent l'effet d'une caisse de résonance, avec une nécessaire déformation, étant donné l'impossibilité de suivre à la fois l'esprit de Jésus et sa lettre. À ces problèmes s'ajoutent les inévitables schismes, les paraboles de Jésus étant vagues, toujours sujettes à mille interprétations.

En résumé, les contradictions entre l'être, le faire et le dire de Jésus se retrouvent inévitablement dans la pratique religieuse des moutons. Mais elles ne gênent pas les moutons. Croire en la vérité des sentences de Jésus, revient à préférer la réalité de l'inconscient à la réalité… réelle. Seule la « réalité réelle » ne souffre pas les contradictions. L'inconscient n'en a cure.

Pour se laisser déborder par l'inconscient de Jésus, les moutons se contentent de croire que les êtres mythiques qu'il a projetés existent dans la réalité. Dès lors, tous les faits réels sont interprétés à partir de ces lunettes. Et le plus beau, Jésus lui-même.

# CONCLUSION

« Jésus leur dit : Que connaissez-vous de moi ?
En vérité, je vous le dis, nulle génération de
ceux qui sont parmi vous ne me connaîtra. »

Judas

L'athée moderne rencontrait de grandes difficultés pour expliquer l'origine des paroles et des actes de Jésus, et plus encore son succès auprès des foules en son temps et depuis deux millénaires. Le problème se posait d'autant qu'une grande partie de la population européenne se déclare athée, tout en suivant encore la plupart des enseignements de Jésus, souvent sans s'en rendre compte.

La solution qui s'impose, après analyse psychologique de ses symptômes, consiste à voir en Jésus un fou ; plus précisément, un psychotique au caractère anal, c'est-à-dire un paranoïaque, avec ses délires systématisés ; et plus exactement encore, un mégaparanoïaque, autrement dit un fou dont les délires sont bâtis avec les matériaux de l'inconscient collectif. Il faisait des projections mythiques, qui fascinent les foules de névrosés. Il les captivait d'autant plus qu'il projetait cette relation interne d'amour de soi, de réconciliation moi-surmoi, qui caractérisait son propre inconscient. Cette mégaprojection extraordinaire n'a pu qu'envoûter les névrosés, dont la structure psychique réside dans une opposition douloureusement culpabilisante entre moi et surmoi. Ce fait est accentué pour les névrosés obsessionnels, qui ont maladivement besoin de rites basés sur des mythes. Ces névrosés croient en des esprits agissant sur la matière. Ils croient à un univers mythique pour expliquer le monde réel. Ils sont persuadés de pouvoir agir sur le cours des événements par leurs prières et leurs rituels magiques. Mais ces actions magiques ne servent qu'à apaiser leur propre angoisse pathologique. De la même façon, ces autres névrosés particuliers, qui expriment cette tension pathologique par leur corps, autrement dit les hystériques, étaient tout spécialement susceptibles d'être impressionnés par un mégaparanoïaque tel que Jésus. Ce dernier était un véritable surmoi ambulant. Grâce à son charisme, il agissait directement sur l'inconscient des hystériques, comme par une hypnose naturelle. Une fois entré, en quelque sorte, dans l'inconscient de ses patients, Jésus pouvait maîtriser leurs symptômes d'apparence physique.

La rencontre entre ces deux types de fous, le mégaparanoïaque d'un côté et les névrosés obsessionnels de l'autre, avec l'écho public offert par les hystériques, engendra la naissance du christianisme. Le premier inventa des êtres mythiques, les seconds y crurent. Ces derniers y trouvèrent un vif intérêt inconscient : Jésus leur permettait de croire en un univers « paternalisant », avec une fin heureuse, au lieu d'une vie emplie de souffrances vaines et close par une mort sans appel.

Nous pouvons résumer les vues développées dans ce livre par le biais du tableau suivant, marquant la progression de cette enquête.

Après avoir examiné la folie de Jésus et l'origine de ses délires, une question se pose : Jésus croyait-il en ce qu'il disait ? Certains athées modernes, qui veulent à toute force voir en lui un sage, affirment que ses allégations sur Dieu et le paradis relevaient de la métaphore. Ils retraduisent ses principes, en affirmant qu'il aurait en fait voulu dire que Dieu est en nous – le bonheur interne désignant alors la réconciliation avec Dieu. Sur le plan du fonctionnement inconscient, un homme est certes plus heureux s'il n'est pas tyrannisé par son surmoi. Mais quel était le point de vue de Jésus ?

Pour y répondre, nous devons nous interroger sur le motif général de ses agissements. Il n'a cherché ni pouvoir politique ni richesse personnelle. Pourtant, il aurait vraisemblablement pu profiter de son incroyable charisme pour en obtenir à satiété. Difficile aussi de dire s'il a profité de son succès pour obtenir des plaisirs charnels. S'il avait été aussi préoccupé par la sexualité qu'Augustin, des indices au moins indirects auraient filtré, ne serait-ce qu'avec des interdits sévères sur cette question. Ces trois grands motifs d'action, pouvoir, argent et sexualité, typiques des personnages ayant laissé une trace dans l'Histoire, ne semblent guère avoir concerné Jésus.

Reste la vanité. Certes, Jésus était extrêmement vaniteux, au point de passer sa vie à vouloir obtenir l'assentiment des foules concernant ses propres délires mégalomaniaques. Mais il a structuré toute sa vie sur ses propres délires, et non sur le regard des autres, qui fut souvent réprobateur. Sa vanité ne constituait qu'un dérivé de sa profonde illumination et de son besoin de maîtrise agressive. Les autres devaient penser comme lui. Comme dit

Nietzsche, « [...] vous voudriez séduire votre prochain par votre amour et vous dorer de son erreur ».[248]

Surtout, un paranoïaque ne transige jamais sur la vérité. C'est sa définition même que de maintenir une contrevérité, son délire, contre l'avis de tous. La vérité l'obsède.

Or le délire principal de Jésus consistait à se croire fils de Dieu. Il a organisé sa vie sur cette authentique conviction, à une époque où la société tout entière croyait en l'existence d'au moins une entité surnaturelle. Pire encore, il renforçait ce délire en le développant. Cette filiation délirante se prolongeait par un rapport amoureux au père, qui virait à l'identité fusionnelle dans la Trinité schizophrénique. Ses affirmations sont à prendre au pied de la lettre.

Le fait qu'il n'ait pas tiré plus d'avantages concrets de son ascendant sur la foule, aggrave son cas. Il ne s'est même pas rattaché à la réalité par ses aspects les plus attrayants, quand elle lui tendait les bras. Il est resté dans les cieux de ses délires toute sa vie. Certains verraient dans cette attitude une preuve de sa grandeur. Ce fut sa folie suprême.

Le sort de Jésus et du christianisme se joue autour de cette existence, réelle ou seulement psychique, de Dieu. Le croyant interprète tous les événements à partir de l'idée de Dieu, ce qui lui donne l'impression qu'ils ne sont que la conséquence de l'action divine, « donc » sa preuve. En réalité, ces mêmes événements sont tout à fait explicables, aujourd'hui, avec les découvertes réalisées entre-temps par la science. En particulier, la psychologie permet d'expliquer pourquoi les croyants croient en Dieu, et même pourquoi Jésus est passé pour un être divin. Expliquer ces faits ne nécessite plus le recours à Dieu. Certes, d'autres phénomènes

---

248. NIETZSCHE (Friedrich), *Ainsi parlait Zarathoustra*, partie I, « De l'amour du prochain », Paris, Gallimard, 1947, p. 74.

164

attendent encore d'être expliqués par la science. Cette faiblesse apparente constitue la force de la science, qui préfère progresser lentement dans ses explications. Elle conquiert une à une des découvertes solides, plutôt que de déclarer tout savoir *a priori*, une bonne fois pour toutes et dès le début, comme le faisait la Bible, à une époque où les connaissances étaient pour le moins balbutiantes.

Mais la question de l'existence de Dieu reste en dehors du champ de la réalité, et donc de la science. Dieu n'étant pas visible, la question de son existence reste indécidable, et d'ailleurs inutile pour la science. En ce sens, Dieu n'existe pas pour la science.

En revanche, nous pouvons constater des faits, simplement. Nous pouvons constater qu'un enfant grandit. Son esprit, ses formes, ses croyances changent. C'est un fait nécessaire, inévitable, inéluctable : il grandit. Pour son éducation, il a besoin d'au moins un grand, qui lui enseigne comment vivre dans la société et dans la nature.

Il en va de même avec l'humanité. Nous pouvons constater que l'humanité grandit. Son esprit, ses formes, ses croyances évoluent. C'est un fait nécessaire, inévitable, inéluctable : elle grandit. Pour agir, elle se donne à présent elle-même ses propres lois, grâce au pluralisme de la démocratie, au lieu de recourir à un mégaparanoïaque autoritaire qui décidait seul de ce qu'il faudrait faire ou non. L'Occident appelle « progrès » le fait de grandir mentalement.

Durant sa petite enfance, l'humanité aussi avait eu besoin d'au moins un adulte qui lui enseigne la façon de vivre dans la nature. Elle avait eu besoin d'un grand pour se rassurer face à la nature hostile. Tant que l'humanité fut infantile, elle dut croire en un père. Ce fut Dieu.

Les athées se fatigueraient inutilement à réfuter son existence. Tous leurs arguments resteront vains devant une foi irrationnelle, qui dépend en fait d'un âge mental – âge auquel un monde sans Dieu paraît effrayant. Les croyants, comme les enfants, ont besoin d'un père tout-puissant qui guide leurs actes. Ce père est comme un rêve éveillé, qu'ils sentent confusément en eux et qu'ils attribuent à une réalité invisible, le ciel. Il constitue une projection de leur surmoi collectif, une hallucination onirique partagée par beaucoup. On peut bien croire, provisoirement, à la réalité d'un rêve, mais quand on se réveille, on sait qu'on est retourné dans la réalité. Le croyant croit, l'athée sait.

Cet âge mental des croyants ne signifie pas que l'enfance serait « inférieure » à l'âge adulte : l'enfance est nécessaire, tout comme est nécessaire la fin de l'enfance. L'humanité grandit, naturellement. Le besoin d'un père s'évanouit de lui-même, comme disparaissent l'enfance et ses croyances évanescentes. Avec le progrès, l'athéisme s'impose de lui-même, comme un fait, comme la conséquence inévitable de l'accession à l'âge adulte de l'humanité.

# Récréation :
## Testez votre aptitude à faire prophète

Dans ce livre, nous avons tâché de reconstituer la personnalité de Jésus à partir d'écrits lointains. Nous avons soutenu qu'il était un mégaparanoïaque. Le lecteur, étonné, aimerait sans doute vérifier la validité du résultat sur des faits. Or, contre toute attente, c'est possible.

Si vous voulez expérimenter par vous-même, *in situ*, l'affirmation centrale de cet ouvrage, allez en Afrique ou aux États-Unis, afin de retrouver le niveau de développement psychologique le plus proche possible de l'époque propre au personnage étudié ici. Là-bas, une foule de prophètes sont actifs. Ils fondent des églises avec une belle énergie (nous disons « secte », et non « église », cette dernière ayant simplement réussi à s'imposer, tandis que la secte y tend). Vous verrez de près ces grands fous, superbes fauves à l'état sauvage, et vous retrouverez en eux les symptômes psychiatriques examinés dans ces lignes. Vous pourrez en déduire, par vous-mêmes, les mécanismes psychologiques qui sont secrètement à l'œuvre dans leur esprit illuminé. En passant, vous aurez l'occasion de vous amuser en découvrant les merveilleux noms dont s'affublent ces églises, comme « les chrétiens célestes », « l'église du réveil », « l'église de Papa nouveau », etc.

Avec un zeste d'audace, vous pourriez, à votre tour, monter votre église personnelle. C'est l'occasion d'un petit jeu : comment monter sa propre église, pour devenir riche et adulé ?

Voici quelques ingrédients, à titre d'exemple :

1/ Éviter absolument les pays trop coutumiers des sciences, comme l'Angleterre, l'Allemagne et la France.

2/ Convaincre par votre charisme des investisseurs pour : acheter une grande maison, avoir de quoi vivre et vous déplacer. Vos futurs moutons devront être accueillis pour les messes. Faire des tournées pour galvaniser d'autres moutons requiert également des moyens.

3/ Trouver une petite idée un peu différente de vos collègues pour caractériser les fonctions de Dieu. Votre produit doit se démarquer par un avantage quelconque. Par exemple que le chapeau de Dieu est la voûte étoilée, et que vos disciples doivent porter de grands chapeaux pour appartenir à votre église. Ce serait l'église des chapeaux célestes.

4/ Répéter sans arrêt vos nouveaux principes, sans jamais vous lasser : « Un chapeau c'est beau, un beau chapeau est une seconde peau, c'est la peau du Papa là-haut. »

5/ Préparez une doctrine très particulière au sujet de l'argent. Vous pouvez ordonner de baigner nu dans l'univers, mais coiffé d'un beau chapeau. Vous vendez les chapeaux, et dans le dénuement symbolique, vous mettez l'accent sur l'importance de ne plus avoir d'argent, qui est salissant. Vous purifiez les disciples en vous chargeant de leurs impuretés. Cet argent est censé pourvoir au bon fonctionnement de votre église, qui a pour tâche de répandre la lumière de vos vérités.

6/ Préparez des rites initiatiques, avec beaucoup d'obéissance et d'assertions dénuées de sens. N'importe quel rite ou n'importe quelle affirmation aura de toute façon une signification inconsciente. C'est le moment de vous laisser porter par l'inspiration, pour exprimer un délire puissant. Si vous êtes une femme, vous pouvez vous présenter comme une mère universelle, afin de symboliser l'amour du tout-puissant pour tous. En même temps, aimer le symbole de leur mère leur procurera un regain de plaisir inconscient. Vous pourriez aussi annoncer le retour imminent de Jésus. La foule aime retrouver des noms connus. Vous prenez moins de risque à refaire un succès avec une mélodie qui a déjà marché. Et les promesses, dont on peut toujours différer la réalisation, constituent également une vieille ficelle du métier.

7/ Pensez à mettre en lieu sûr l'argent que vous gagnez au fur et à mesure, le monde ne manque pas de paradis… fiscaux. Ayez également toujours un billet d'avion sur vous pour ledit paradis, qui s'avérera réel pour au moins un membre de votre église. Dès que la situation tourne au vinaigre, sachez faire une belle sortie, c'est le plus important. Il arrive toujours un moment où la courbe des gains atteint un plafond. Sachez vous retirer, sans avoir les yeux plus gros que le ventre. Faites croire à votre mort, c'est une chance supplémentaire d'atteindre la postérité, sans parler de la possibilité ouverte d'une résurrection à venir.

Mais au fait, à présent que vous savez comment monter votre propre église, une entreprise qui ne connaît pas la crise, une dernière condition reste à remplir : avez-vous la personnalité adéquate pour faire prophète ?

Pour le savoir, répondez aux questions suivantes avec le plus d'honnêteté et de lucidité possible, quitte à reconnaître en vous ce que la morale chrétienne appellerait un « défaut ». Vous saurez si vous êtes fait pour être prophète. Après avoir répondu aux questions, allez en fin de test, pour calculer les points que vous avez marqués, et le résultat qui y correspond.

Question n° 1 : À l'école primaire, vous étiez plutôt :
    A - le chef de bande ;
    B - un élève parmi les autres, pas spécialement en avant ou en retrait ;
    C - le bouc émissaire, un peu maladroit, sur lequel tous les camarades de classe se défoulaient.

Question n° 2 : Vous avez plutôt le sentiment :
    A - d'être souvent incompris, trahi ou victime d'une injustice ;
    B - d'être toujours parfaitement compris ;
    C - de voir vos paroles déformées à l'occasion seulement.

Question n° 3 : Concernant les esprits et les fantômes :
    A - vous n'y croyez pas et les films fantastiques ont tendance à vous ennuyer ;
    B - vous y croyez dur comme fer et vous en avez une peur bleue ;
    C - vous y croyez dur comme fer, mais ils ne vous font pas peur, car vous savez leur commander.

Question n° 4 : Sur les sujets de conversation qui vous passionnent :
    A - vous vous enflammez, vous ne pouvez plus vous arrêter de parler, vous argumentez avec une dialectique sans fin, vous précisez le sens des mots, vous inventez des mots au besoin, et vous faites des métaphores à tout bout de champ ;
    B - vous écoutez la conversation avec plus d'intérêt que d'habitude, en donnant votre point de vue et en écoutant celui des autres ;

C - vous buvez les paroles de ceux qui en parlent bien, sans oser intervenir.

Question n° 5 : Quand surgissent, dans une conversation, des phrases qui sortent du sujet précédent :
A - vous vous laissez porter tranquillement par le nouveau sujet, quitte à changer encore de sujet, et ne jamais revenir au sujet initial ;
B - vous avez tendance à vouloir refermer la parenthèse, et revenir au sujet initial, pour conserver un certain ordre et une logique certaine ;
C - vous ne revenez au sujet initial que s'il était vraiment important, et que l'essentiel n'a pas encore été dit.

Question n° 6 : Concernant vos secrets intimes, vous avez plutôt tendance à :
A - ne pas spécialement ressentir de plaisir à les garder pour vous ou les divulguer ;
B - les garder pour vous, voire recourir à l'anonymat et aux pseudonymes ;
C - tout dire, et à tous.

Question n° 7 : Concernant la maîtrise de vos nerfs :
A - vous préférez toujours essayer de prendre sur vous les tensions ambiantes, pour calmer le jeu, quitte à essuyer la colère des autres ;
B - vous gardez plutôt votre calme, dans la plupart des circonstances ;
C - il vous arrive assez souvent de vous emporter ou de perdre patience.

Question n° 8 : En ce qui concerne le comportement de vos proches, vous avez tendance à :

A - leur prodiguer maints conseils, quand vous jugez qu'ils sont sur la mauvaise voie, même quand ils ne vous ont rien demandé ;

B - ne rien dire, même si vous désapprouvez leur comportement ;

C - essayer parfois de leur faire comprendre, gentiment, qu'ils agissent contre leur propre intérêt, quand vraiment ils font une grosse erreur.

Question n° 9 : Il vous arrive parfois d'avoir l'impression :

A - d'être au centre des intérêts, d'être observé, d'être plutôt félicité et admiré pour vos réussites, d'être une sorte de célébrité locale ;

B - d'être occasionnellement évoqué par d'autres ;

C - de ne jamais intéresser qui que ce soit.

Question n° 10 : Lorsque vous jouez à un jeu ou pratiquez un sport comportant un gagnant et un perdant :

A - vous avez un sens aiguisé de la compétition, qui vous donne pour objectif prioritaire d'être premier, et vous préférez expliquer votre éventuelle défaite par vos propres défaillances, plutôt que de concéder le moindre mérite à votre adversaire (« ça vous ferait mal ») ;

B - vous avez une forte réticence à l'égard de tout ce qui est compétition ou affrontement, et vous préférez perdre, ne serait-ce que pour faire plaisir au gagnant ;

C - vous jouez le jeu, tant mieux si vous gagnez, tant pis si vous perdez, vous féliciterez le gagnant.

Question n° 11 : Il vous arrive d'avoir des idées nouvelles :

A - jamais, rien de neuf n'a traversé votre esprit ;

B - parfois, c'est arrivé, mais pas de quoi fouetter un chat, juste une trouvaille ou deux ;

C - toujours, et des idées géniales qui risquent d'être volées à tout moment, des idées qui pourraient changer le cours de l'Histoire, des idées de réformes grandioses, qui vous ont permis, vous et vous seul, de tout comprendre.

Question n° 12 : Par comparaison avec votre entourage, vous vous sentez :

A - semblable aux autres, avec une personnalité propre, comme tout un chacun ;

B - semblable aux autres, tout à fait dans la moyenne, voire inférieur ;

C - manifestement exceptionnel, profondément unique et supérieur, tout à fait différent.

Question n° 13 : Vous croyez :

A - que les mauvais rêves précèdent de tristes événements, que croiser un chat noir est mauvais signe, et que les comètes annoncent des malheurs ;

B - que la superstition est ridicule ;

C - que de nombreux signes concomitants, de la soudaine venue du beau temps au sourire de la concierge, en passant par la crotte dans laquelle vous avez planté votre chaussure, annoncent sans doute possible votre consécration à venir.

Question n° 14 : Dans vos relations avec votre entourage, amical, professionnel, familial ou amoureux :

A - vous êtes du genre à ne jamais vous brouiller avec qui que ce soit, prenant toujours tout sur vous pour éviter les affrontements directs ;

B - il y a souvent des brouilles, des heurts, de violentes différences de points de vue qui ne se résorbent pas ;

C - à part quelques petites frictions de temps à autre, vous ne vous brouillez que rarement avec les autres.

Question n° 15 : Vous observez votre propre comportement et votre propre corps :

A - sans arrêt ;

B - jamais ;

C - assez souvent ou parfois.

Question n° 16 : Êtes-vous susceptible ?

A - non, vous admettez sans peine la critique comme justifiée ;

B - un peu, comme tout un chacun, mais vite remis ;

C - non, pourquoi ? La critique qui vous a été faite est ridicule ! Vous irez d'ailleurs vous expliquer, dans trois semaines, quand vous retrouverez l'imbécile qui l'a émise.

Question n° 17 : Au sujet de l'insécurité :

A - vous faites relativement confiance aux forces de l'ordre et aux autorités de votre pays, tout en craignant tout de même que des attaques ne touchent leur cible à l'occasion ;

B - vous faites entièrement confiance aux forces de l'ordre et aux autorités de votre pays ;

C - vous ne faites pas du tout confiance aux forces de l'ordre et aux autorités de votre pays, craignant d'ailleurs une machination généralisée, comprenant espionnage, conspiration, diffamation, attaques sournoises, empoisonnement, armes de destruction massive, croche-pattes, éventuellement dirigés contre vous-même en personne, raison pour laquelle une attention de tous les instants à l'égard d'autrui est nécessaire.

Question n° 18 : Dans votre métier ou vos études, vous êtes plutôt :
  A - ambitieux et carriériste, prêt à prendre la place d'un autre s'il le faut, « la société c'est ça vous n'y pouvez rien, c'est le jeu » ;
  B - modérément ambitieux, en vous contentant de faire le nécessaire pour vivre correctement ;
  C - pas du tout ambitieux, travaillant le strict nécessaire, voire le moins possible, du moment que la communauté n'en pâtit pas.

Question n° 19 : Vous vous sentez vous-même :
  A - modeste et simple ;
  B - plutôt fier et sûr de vous ;
  C - ni l'un ni l'autre.

Question n° 20 : Par votre entourage, vous êtes perçu comme :
  A - modeste et simple ;
  B - plutôt fier et sûr de vous ;
  C - ni l'un ni l'autre.

Question n° 21 : Lorsque vous recevez une critique, vous avez d'abord le réflexe :
  A - de critiquer votre interlocuteur du tac au tac, avant même de penser à examiner la critique qu'il vous fait ;

B - d'accepter sa critique, en vous remettant vous-même aussitôt en question ;

C - d'examiner sa critique, pour voir si elle est juste.

Question n° 22 : Concernant les normes et le rangement :

A - vous aimez l'ordre, en particulier quand il est imposé d'une main de fer par des fonctionnaires actifs et fermes ; quand le feu est orange, vous vous arrêtez, parce qu'il va passer au rouge ;

B - vous n'êtes pas trop désordonné, sans être maniaque pour autant, autrement dit assez ordonné pour certaines choses, moins pour d'autres ; au feu orange, vous passez ;

C - vous aimez avoir chez vous une place pour chaque chose et chaque chose à sa place, ne pas dépenser plus d'argent que le strict nécessaire, faire de belles collections d'objets pas nécessairement indispensables, rester impassible en maîtrisant vos sentiments, faire des choix clairs et bien définis sans jamais y revenir, programmer votre vie sur les cinquante prochaines années suivant un plan génial, et enfin imposer à vos proches votre vision ordonnée de la bonne marche à suivre ; vous aimez klaxonner les personnes qui passent au feu orange, et vous passez au rouge.

Question n° 23 : Question perceptions, il vous arrive :

A - souvent d'être le seul à entendre des sons ou des voix, de soupçonner les autres d'être fous, d'attribuer à autrui vos propres projets ou intentions, de prêter aux autres vos propres qualités ou défauts ou d'avoir des impressions de déjà-vu ;

B - d'avoir parfois mal compris ou mal vu quelque chose, mais de rectifier immédiatement ;

C - de faire plutôt confiance aux gens qui vous affirment avoir
    entendu une voix que vous n'avez pas entendue vous-
    même, ils ont l'air d'être sûrs de leur fait.


Question n° 24 : Sexuellement :
    A - vous aimez dominer, manier le fouet, humilier votre parte-
        naire et lui mordre les fesses ;
    B - vous aimez être dominé, recevoir le fouet, être humilié et
        avoir les fesses mordues ;
    C - ni l'un ni l'autre, le sadomasochisme n'est pas spécialement
        votre tasse de thé.


Question n° 25 : Concernant le destin de l'humanité :
    A - il vous arrive d'avoir des états de rêve éveillé et d'intense
        excitation, durant lesquels vous trouvez des solutions à
        tous les problèmes de la terre, et vous vous sentez person-
        nellement appelé à guider l'humanité pour lui apporter ces
        solutions, vous qui êtes très certainement le descendant
        direct d'un personnage historique et qui êtes appelé par la
        même occasion à vous enrichir tout en glanant une place
        dans le panthéon des hommes dont les peuples retiendront
        le nom à jamais ;
    B - vous n'avez jamais ce genre d'états, mais seriez enclin à
        prendre au sérieux quelqu'un qui aurait des états de rêve
        éveillé et d'intense excitation, durant lesquels il verrait
        des solutions à tous les problèmes de la terre, et qui se
        sentirait personnellement appelé à guider l'humanité pour
        lui apporter ces solutions, lui qui est très certainement le
        descendant direct d'un personnage historique et qui est
        appelé par la même occasion à s'enrichir tout en glanant

une place dans le panthéon des hommes dont les peuples retiendront le nom à jamais ;

C - vous laissez les hommes politiques faire leur travail, en particulier à l'ONU, pour guider l'humanité.

Résultats : calculez les points que vous avez gagnés, et lisez vite la suite pour découvrir si vous êtes fait pour être prophète !

|   | 1 | 2 | 3 | 4 | 5 | 6 | 7 | 8 | 9 | 10 | 11 | 12 | 13 | 14 | 15 | 16 | 17 | 18 | 19 | 20 | 21 | 22 | 23 | 24 | 25 |
|---|---|---|---|---|---|---|---|---|---|----|----|----|----|----|----|----|----|----|----|----|----|----|----|----|----|
| A | 2 | 2 | 1 | 2 | 0 | 1 | 0 | 2 | 2 | 2 | 0 | 1 | 0 | 0 | 2 | 0 | 1 | 2 | 2 | 0 | 2 | 0 | 2 | 2 | 2 |
| B | 1 | 0 | 0 | 1 | 2 | 2 | 1 | 0 | 1 | 0 | 1 | 0 | 1 | 2 | 0 | 1 | 0 | 1 | 0 | 2 | 0 | 1 | 1 | 0 | 0 |
| C | 0 | 1 | 2 | 0 | 1 | 0 | 2 | 1 | 0 | 1 | 2 | 2 | 2 | 1 | 1 | 2 | 2 | 0 | 1 | 1 | 1 | 2 | 0 | 1 | 1 |

Vous avez moins de dix points :

Vous avez perdu. Vous êtes un mouton. Vous adorez vous entendre dire ce que vous avez à faire, vous n'aimez pas prendre le moindre risque ou la moindre initiative, vous vous retrouvez systématiquement dernier quel que soit le groupe auquel vous appartenez, vous êtes exploité et ce n'est pas pour vous déplaire. Vous n'avez plus qu'à espérer que les derniers seront un jour les premiers.

Conclusion : Vous devriez aller dans un pays dirigé par un tyran, son joug vous plaira. Ou mieux, allez à l'église.

Vous avez plus de quarante points :

Bravo, vous avez gagné ! Vous êtes fait pour enseigner aux foules ce qu'il faut faire dans la vie ! Vous chercherez des moutons, toujours plus nombreux.

« Comment ? Tu cherches à te multiplier par dix, par cent ? Tu cherches des disciples ? Cherche alors des *zéros* ! »[249]

Conclusion : Vous avez l'étoffe pour monter votre propre église. Restez toutefois attentif aux cris des sirènes, qui peuvent annoncer à tout instant quelque ambulance, d'où surgiraient des hommes vêtus de blanc. Ils viennent pour vous.

Vous avez entre dix et quarante points :

Vous êtes fait pour vivre en démocratie, vous êtes parfaitement normal. Pour vous, les lois doivent être choisies démocratiquement, par le biais de décisions multilatérales. Ce sont les hommes qui décident ensemble de ce qu'il est permis de faire, et non un homme unique inspiré par Dieu.

Conclusion : Bonne continuation, et méfiez-vous tout de même des mégaparanoïaques, surtout si vous êtes entouré de moutons.

---

249. Nietzsche (Friedrich), *Crépuscule des idoles*, § 14, « Maximes et traits », in *Œuvres philosophiques complètes*, Paris, Gallimard-NRF, 1990, tome VIII, p. 63.

# Table des matières